平山許江　ほんとうの知的教育③

環境構成の工夫

平山許江 著

第3章 意欲的に取り組む力を培う……87

第4章 ほんとうの知性を育てる……133

はじめに

今、保育現場は難しい課題を突きつけられています。例えば「幼保連携型認定こども園教育・保育要領」には、こんな文言があります。「全ての子どもに質の高い幼児期の学校教育及び保育の総合的な提供を行う」。

質は低いより高い方がいいに決まっています。でも高い低いは基準がないと測れませんし、人によって感じ方が違いますから、〝なんでもあり〟に陥る危険性があります。

また、小学校以降の教育を規定する「学習指導要領」では、生きる力を育むために「確かな学力」を身につけさせることが求められています。したがって、就学前には「確かな学力」の「基礎」を保育に組み込まなくてはいけないでしょう。

「質」も「学力」も「基礎」もよく聞くことばですが、どういう保育を指してそういうのかとなると、〝確か〟ではありません。そのことが最も顕著に問題となっているのが「知的教育」の分野だと思います。

今日の知的教育は、二極化しています。

1つは、量の獲得にしか目がいかない古い保育が横行していることです。「早期教育」と呼ばれる方法です。2つ目は、まったく知的教育には無頓着な保育です。子どもは気ままに遊ばせておくのが良いとばかりに教えるべき知性を教えず、この時期を無駄に送らせてしまう考え方です。

私は、どちらも間違っていると考えています。

「なぜ勉強するの?」と問われると、私は「自分が知らない世界が先にあることが分かるようになるから」と答えます。知識とは不思議なもので、知識が増えるとそれに比して知らないことが増えるのです。子どもたちが知識を得て、自分で新しい世界の扉を開け、その世界を満喫する一方で、さらにその奥に未知の世界が広がっていることを知り、新たな知的好奇心をいだくことが重要です。

子どもは今を生きています。子どもの毎日は未知と未熟なものに満ちています。しかし幸いに、子どもは新しい知識を得ることが好きです。適切な環境の中では、自分から率先して考えたり、試したり、教えを乞います。子どもには、こうした確かな学力の基礎が備わっているのです。

つまり、子どもに求められる知的教育は、子どもが本来もっている知りたい・やりたいという本性をじょうずに引き出すように周りの環境を整え、刺激を与えることです。保育者は、子どもの将来を見すえて、質の高い保育を提供する責務を負っています。子どもの本質と子どもの未来を見定めた「ほんものの知的教育」をしようではありませんか。そのための応援として本シリーズをお届けします。

【環境構成の工夫】

人に指図されて動くのではなく、自分がしたいと思ったことを率先してする子どもであってほしいと思います。それを実現するのが「環境による教育」です。保育者が先頭に立って子どもを方向づけるのではなく、援助者として環境を構成することによって、子どもが主体的に環境にかかわり、主体的に活動を生み出していくことをねらっています。

しかし、こうした保育を実践するには、高度な専門性が求められます。今日の保育を難しくしている原因の１つが、この保育における「環境の構成」といえるのではないでしょうか。

環境の構成は、物の配置や玩具の選択といった物理的な条件整備と誤解されがちです。砂場の道具の種類や数、壁面の装飾、読む本の選別、活動ごとの座席の位置などを考えることが環境の構成だと勘違いされています。

指導案の環境の構成欄には、保育室の遊具の位置や机の配置などの図が描かれたり、保育者の位置と子どもの席の並び方や、準備する教材や物品が記入されています。むろん、そうしたことを考えておかないと保育は進められませんが、重要なのは、なぜそうしたものや状況が必要と考えたのか、その元になった保育者の意図です。

子どもの実態と照らし合わせて、子どもが「こういう学びができるように」と考え、ではそれを実現するにはどうするか、その手立てがものの用意や保育室の使い方になったはずです。したがって、何よりも大切なことは、保育の目標をどこに置くかということです。目標が違えば当然、環境の構成は違ってきます。保育の目標を達成するために保育者がとり行うさまざまな手段が「環境の構成」です。

自然もあり遊具もあり、安全で申し分のない環境の公園があったなら、子どもは園の保育を必要としないのでしょうか。そうではありません。公園には保育者がいません。子どもを育てるのは物理的な環境以上に、子どもの経験を左右する保育者の役割が重要です。保育者の保育観、保育目標が環境の構成を導き出し、実践を生み出します。

私は「ほんとうの知的教育」を目標に実践を重ねてきました。子どもが新しい知識を獲得して世界を広げ「学ぶことはおもしろい」と実感するような保育を目指してきました。本著はその「ほんとうの知的教育」を実現するための『環境構成の工夫』を紹介するものです。

本著は４章から成っています。第1章は、よく見る力を育む、第2章は、考える力を養う、第3章は、意欲的に取り組む力を培う、第4章は、ほんとうの知性を育てる、です。各章は、すぐに実践の場で利用できるように3つの視点から構成されています。

1つは、環境にかかわる「子どもの姿」の具体例です。ごく日常的な姿をあげてあるので、自分のクラスの実態を観察する手がかりとしてください。

2つめは、子どもの知的能力を発揮させるための「保育の提案」です。今までしてきた保育に留まらずに新たな視点を加味するためのヒントにしてください。

3つめは、保育を改善する際の「保育のチェック」項目です。子どもにほんとうの知的教育を提供しているかどうかを点検する視点です。評価と次の指導計画の参考にしてください。

就学前の子どもたちに「ほんとうの知的教育」を提供したい。これが私の願いです。多くの人がこの本を糸口にして、ほんとうの知的教育を実践してくださることを祈っています。

※本文中に（本書P○参照）などとあるのは、参考となる記述のある該当ページを示しています。同様に（「ことば」P○）とあるのは本シリーズ第１巻・幼児の「ことば」の力を育てる、（「かず」P○）とあるのは第２巻・幼児の「かず」の力を育てる、の該当ページを示しています。併せてお読みください。

第1章 よく見る力を育む

子どもにとって、自分の身の周りは知らないものばかりです。自立した生活をするためには、まずは「よく見る力」を身につける必要があります。出合ったものに積極的にかかわり、五感を通して対象を知ったり、くり返しの中から法則性に気づいたり、あそびを通して対象の特徴に気づくことが大切です。そのためには、保育者は「よく見るきっかけ」をつくります。

子どもの気づきや考え方をよく観察して、共感したり一緒に考えたりします。子どもの発見や理解の仕方は、自分なりの論理で間違いも多くありますが、子どもなりの気づきを大切にします。

楽しく周りを観察するあそびや話題を提供して、興味の対象が広がるようにします。日常的に観察の面白さが実感できるように、園庭の環境を整備しましょう。

発見する① 自然・物理的現象に気づく

自分の身の周りのことに興味をもち、理解を深めることは、これからの環境を生きていく子どもにとって必要な能力です。たっぷり経験できる環境を用意し、子どもの「あれ？ 変だ」や「あ、そうか」の気づきを育みます。

子どもの姿❶

ちょうどよい砂の固さを探る
～砂場は理想的なあそび環境～

2人の子どもが、砂場で団子づくりに夢中です。A児は砂の入ったバケツに水を注ぎます。

A児「わあ、べちゃべちゃになっちゃった」

B児「早く、砂、砂。砂を入れなくちゃ」

シャベルで砂を足し、「まぜまぜ」と言ってかき回します。

B児「どうかな。これくらいでいいかな？」

A児「どれどれ。もうちょっと砂を入れたほうがいいみたい」

Point

砂の団子をつくるには、適度な水分が必要です。事例の子どもは、柔らかすぎても固すぎてもできないことを、これまでのあそびを通して学んでいます。たくさんの失敗と修正の経験が、子どもの能力を高めます。

●砂場は優れもの

保育環境の中でも砂場はとりわけ優れています。まず第一には感覚を刺激する体験が豊富にできることです。手や足で直接砂や水に触れることで、たくさんの感覚が磨かれます。

第二は、豊富な砂でいろいろな遊び方ができることです。1人で長時間遊ぶことも、大勢が同時に遊ぶこともできます。そしてなによりもいっぱい遊んでも材料がなくなる心配がありません。

●あそびを支える「探究心」

「団子のできる条件」を科学的に解明するのは大変です。砂の成分構成、水分量、天候、団子の大きさなど研究者に委ねるほかありません。しかし、子どもはその難しい課題に挑戦しています。失敗にめげずに何度も挑戦する姿は、研究者と同じ【探究心】の表れです。夢中で遊ぶ姿は、知的そのものといえるでしょう。

●「たっぷり」は重要条件

子どもの探究心を育むには、安価で安全な材料を豊富に提供する必要があります。さらに大切なのは、多様な試みが許される雰囲気や自由に使える時間です。保育に適した環境とは、ものの用意だけでなく、かもし出される印象も重要な条件です。

子どもの姿 ❷

冬の鉄棒は冷たい
〜自然の法則性に気づく〜

冬の寒い日、子どもたちが鉄棒で遊んでいます。

A児「手が冷たいね」

B児「手が痛くなっちゃった」

A児が「ハーしよう。あったかくなるから」と手に息を吹きかけると、みんながまねをします。しばらくたったとき、

B児「もう、ハーしてもダメだぁ」

手にスカートをくるくる巻きつけます。

B児「じゃあ、スカート回りしようか。スカートを持てば冷たくないから」

Point

手が冷たくて痛くなった子どもは、冷たくない方法を考えます。「もっと遊びたい」という気持ちが、解決策を考える力になっています。子どもの知性を育むことは、あそびへの意欲を育てることと連動しています。

●たくさん遊ぶ中で気づく

科学的認識とは、「○○のときは～になる」という一定の条件のもとで決まって起きる現象を【普遍性】として理解することです。そうした理解のためには、たくさんの「事実の積み重ね」を経験する必要があります。鉄棒にさわって「冷たい！」と悲鳴を上げ、「ハー」と息を吹きかけて手を温めては、また遊ぶ。そのくり返しが多いほど、「いつもそうなる」という自然現象の法則性に気づくことができるのです。

●「ああ、そうだったのか」は未来の納得

子どもが体験しているのは、理科の勉強で、〝熱伝導率〟とか〝比熱〟と呼ばれる現象です。でもそんな難しいことばを知るのはずっと後でいいのです。むしろ、将来系統的に科学を学ぶときに、「そういえば、冬の鉄棒は冷たかったなあ」と体験と結びつけられることが大切です。そういう実感があると「ああ、そういうことだったのか」と納得がいくからです。幼児期は用意された環境の中で、未来の知的理解のための財産をあそびとして蓄える時期といえるでしょう。

保育の提案

めずらしい自然現象は、逃さず体験する

雨上がりの虹や、暖かい地方の雪などは、保育者が経験させようと思ってもなかなか叶うことではありません。めったに見られない自然現象は、その日に予定されていた他の活動を取り下げてでも体験するべき、貴重な環境です。

Point

どしゃぶりの雨に雷の音。大風に揺れる木や舞い立つほこりなどは、まず安全か危険かの見極めをします。そのうえで安全と判断したら、自然現象を恐れる気持ちや自然の力の大きさを、子どもと一緒に感じ取りましょう。雨どいから流れ出る水は、園庭に川をつくります。大風の後の園庭には、たくさんの葉や枝が見つかります。日常とは異なる自然環境の変化に目を見張り、触れる体験こそが重要です。

●子どもの発見をみんなで共有する

飛行機雲や昼間の月、葉先に光る雨のしずくや木漏れ日が地面につくる模様など、身近な自然環境の中で子どもが見つけた驚きや美しさを、共に味わいます。「見て」「来て」の誘いに応じて、一緒に見たり、同じ時間を共有します。

保育者が感じたことや教えたいことがあっても、黙っていましょう。子どもの気づきは、保育者とは別のところにあるかもしれません。子どもが自分の考えを話すまで「待つ」姿勢が大切です。

●体験を意図的に組み込む

水たまりの薄氷、日陰の霜柱、葉裏に溜まっているしずくなどは、わずかの時間しか観察できません。保育者が興味を示すことで、子どもの注目を集めます。

穏やかな日だけが散歩に適しているとは限りません。寒い冬にビル風を正面に受けたり、建物の陰で一息ついたり、日向に出てほっとしたり、ほんの短い時間があれば体験できるのです。

発見する② 保育に法則性を取り入れる

身の周りの事象は厳密なきまりもあれば、緩やかなきまりもありますが、何かしらの法則性で成り立っています。円滑な社会生活が送れるように、保育にも法則性を取り入れていきます。

子どもの姿

赤は、危ない知らせ ～交通ルールを応用する～

積み木で遊んでいた子は、昼食後も続きをする予定です。そのため、年少児に壊されないように、なわとびの縄を持ってきて積み木の周りに張りめぐらしました。

でも「これじゃあ、かえって遊びたくなっちゃうんじゃない？」。A児の発言にみんな同意します。

「なわとび、白いからだめなんだよ。赤いのにしなくちゃ」

「そうだよ。赤は危ない知らせだから」

「赤は止まれだから、小さい組の子、止まるよ」

子どもたちは、結んだ縄を取り去ると、代わりに赤いリボンと赤いコーンポストで積み木の周りを囲みました。

Point

身の周りの生活環境には、様々なルールが設けられています。子どもは、その都度意味を知っていきます。やがてたくさんの事例を通して、そこに共通する法則性を発見するようになります。この事例では、「赤」がブレーキの意味をもっていることに気づいています。

●はっきりしている交通ルール

子どもが真っ先に覚えるルールは信号でしょう。3色の信号の中でもとりわけ赤は、「止まりなさい」とか「危ない」などと、くり返し行動を制限されるので早くから覚えます。

交通ルールは、いつも同じメッセージを発信しています。だから「ああ、こういうきまりなんだ」と子どもでも法則性を見つけやすいのです。

●環境に埋め込まれている法則性を読み解く

環境は何らかの法則性をもって構成されています。例えば、初めてのスーパーでも「たぶんこのあたりにあるだろう」と見当をつけて買い物ができるのは、その法則性を読み取る力があるからです。しかし、これも経験です。すぐに身につけることはできません。

●保育にも法則性を取り入れる

交通ルールと同じように、保育でも赤は禁止、青は誘導の意味を示す色として使用します。また、文房具はこの引き出し、楽器はこの棚といったようにきちんと備品を分類します。いすは高さを揃えて片づけます。

環境の中に法則性があると暮らしやすいだけでなく、その法則性を読み解く能力が育ちます。それが知性なのです。

保育の提案　手紙の配り方の工夫

～法則性を見つける面白さ～

今日、家に持って帰る手紙は折れては困るので、保育者が一人ひとりのかばんに入れます。しかし、配り終わるまでには時間がかかりそうです。そこで1番前の子には、「大事な手紙です。あげましょう」と言ってかばんに入れてやり、次の子には手を左右に振って「あげません」。３番目の子には「はい、あげましょう」。４番目の子には、にっこり笑いながら「あげません」。

５番目の子に「手紙を」とまで言って間を空けると、何人かの子が「あげます」と声を上げます。子どもは「１人おき」のルールに気づき、そこから先は「あげません」「あげます」など大合唱が響きます。

Point

動かずじっと待つのは苦痛です。受け身で我慢して待つのではなく、能動的に待つと楽しくなります。それには、手足は動かさなくても「頭を動かす」（頭を働かせる）ようにするとよいのです。保育者には、子どもたちを退屈させない配慮が必要です。

●何もしないで待たせることの弊害

保育者の都合で子どもを待たせていながら、おしゃべりをしたり席を立ったりする子をしかるのは、保育者の暴力です。

何もしないでひたすら待つことが重なると、子どもは受け身になり、「指示待ち」が身についてしまいます。保育者にとってありがたい「行儀の良い子」は、将来、自分で考えることができない知性の乏しい子に育ってしまう危険があるのです。

●考えることは喜び

迷路や間違い探しなどのゲームの魅力は、「できた！」「わかった！」などの喜びが得られることです。難しそうな問題ほど最初は苦戦しますが、その分、できたときの喜びも大きくなります。

「大事な手紙なのにもらえないなんて……！」「『あげない』と言いながら先生は楽しそう。何か変だぞ」子どもの心が動き出すと頭も動き出します。この事例では「1人おき（ＡＢＡＢ）」というルールですが、あいうえお順や誕生日順などでも構いません。「ちゃんとしてない子にはあげません！」などと声をからして子ども脅すのではなく、主体的に待てる状態をつくることで知性を育みます。

保育のチェック

グループ名にも法則性が必要

クラスをグループに分けるとき、「グループごとに話し合って、名前をつけましょう」と、子どもにまかせることがあります。子どもの自主性を尊重するのはよいのですが、その結果、〈バスグループ・ぶどうグループ・むらさきグループ・チョコレートグループ・きょうりゅうグループ〉など、じつに多様な統一感のないグループ名になってしまいます。知的教育の面からは問題があります。

チェック1 集合概念を育てる

それぞれのグループは同じクラスに在籍しているので、「すべてのグループが【仲間】であり、同じクラス内に【所属】していることが明瞭」なのが望ましいのです。

全部のグループが集まると1つの組になるわけですから、例えば、ばら組の中にABCDの4グループがある場合、Aグループ＋Bグループ＋Cグループ＋Dグループ＝ばら組の等式が成り立って、「ばら組の仲間」が理解されます。

こうした意識をもたせるためにA～Dは【等質】であることが望まれます。これは算数・数学の【集合】と【要素】という重要な学習内容です（「かず」P10～33参照）。

チェック2 考える力を育てる

自由な発想は、一定の条件のもとで考えるより難しい思考です。考えが広がってしまってまとまりません。ましてや複数で話し合うのは大変です。何も発言しない子がいたり、強い子の主張に押し切られたり、じゃんけんという偶然に委ねてしまったりになりがちです。明確な基準を示すことによって、初めて判断が可能になります。

結論 考える基準を示す

自由な発想から自分の意見をもつことは大切です。また、複数の意見を1つに絞り込むことも、いろいろな場面でおおいに経験を積ませましょう。しかし、グループの名前は標識ですから、統一感のない集合はふさわしくありません。「のりもの」「やさい」などその時期の保育のテーマに沿った基準を示しましょう。

観察する① 注意して、目を向ける

ものをよく知り、理解するためには、よく見ることが大切です。興味がわくと、自然に自分から見たくなります。観察する力を育むには、まず見たくなるような対象を身の周りの環境に用意し、まず対象に興味をもたせることが優先されます。

子どもの姿❶
隠れて、中から見る

A児は段ボールに入るとふたを閉め、隙間から室内の様子をのぞいています。

「ふふふ」小さな笑い声が聞こえてきます。その声に気づいたのかB児が近づいてきて「だれだ?」と中をのぞき、「僕も入れて」と箱に入ります。狭い箱の中から外をのぞいて、2人は長い時間遊んでいます。

Point

普段見慣れている景色も、見方を変えると新鮮に映ります。さらに、ここでは自分の姿が隠れていることで、秘密めいた雰囲気が生まれたり、それを共有する友だちがいることで楽しさが増幅されています。

●非日常はおもしろい

レースのカーテン越しに見る、鉄棒に逆さまにぶら下がって見る、高いところから見下ろす、など、いつもと違った角度から見るとまったく新しい発見があります。

事例のように箱の中から外を見ることは、「見ている自分」を意識するという、高度な認識をする機会にもなります。

●違いに気づく力

「あれ？」と見慣れないものに気づいて、もう一度しっかり見つめる姿は、観察力が一歩進んだ姿です。自分が知っていた情報との違いに気づき、それを確かにしたい気持ちが育ってきたといえるでしょう。保育者はそうした成長を認め、「不思議だね」と気づきを分かち合い、疑問を確かめる大切さを知らせます。

観音開きの戸棚や洋服ダンスは中から開けることは想定されていません。隠れたところを友だちが閉めてしまったら、中は真っ暗で声も聞こえません。隠れてはいけない場所だと知らせておくだけでなく、あそびの様子を短い間隔で確認して、安全に配慮しましょう。

2 前の経験をあそびに生かす

　砂場でケーキをつくっているA児とB児は、「お砂糖をたっぷりかけなくっちゃ」と言っては、ふるいで砂をかけていきます。
A児「もう白砂なくなっちゃった」
B児「わたしも。白砂取りに行こう」
　2人は、バケツとシャベルを手にするとすべり台の下に行き、表面の乾いた砂をすくいます。
A児「もう、あんまりないね」
B児「売り切れだ。物置のほうに行こう」
A児「そうだね。あそこにも白砂あるから」と、今度は物置のほうに走って行きます。

Point

　ものの理解の一つは、そのものが変わらずにもつ性質＝不変性に気づくことです。不変性は、「あそこには○○がある」や「いつも○○になっている」といった場所に対する理解にもあてはまります。

●かかわりの多い場所から理解していく

事例の子どもたちは、白砂が必要になると、それがある場所に行き、ないとわかると第二の場所に向かいます。まったく無駄な動きはありません。何度も「お砂糖」を取りに行っているからこその行動です。しかし、毎日園庭で遊んでいるからといって、子どもが全員、園庭の環境をよく知っているわけではありません。むしろ、子どもが知っている場所はごく一部に限られます。かかわりの回数に比例しているのです。

●因果関係はわからない

子どもは、すべり台の下や物置の周囲に行けば、いつでも白く乾いた砂が手に入ることを知っています。けれども、それが雨のかからない場所だからといった深い理解はしていません。2か所のいずれかで「お砂糖」が調達できれば、他の場所を探す必要もありません。「困った」状況にならないかぎり、別な環境への興味はわかないでしょう。

●状況の変化を見る

豪雨の後ですべり台の下の砂も湿っているような状況が起きたときは、保育者から「あれ？　きょうは白砂じゃない」と投げかけてみましょう。無視されるか、突拍子もない答えが返ってくるに違いありませんが、それでいいのです。保育者の発言で、そのときに「そういわれればいつもと違う」と観察する機会を得られれば十分です。

保育の提案1

植物の観察を、長く・楽しく！

植物の観察の楽しさは、その生長を実感することです。しかし植物の生長にはある程度の時間が必要な上に変化がわかりにくく、子どもにとって観察は容易ではありません。「よく見なさい」とくり返し注意されても、どこをどう見たらよいかわからないからです。変化を観察する手がかりとなる【目印】を与えるとよいでしょう。

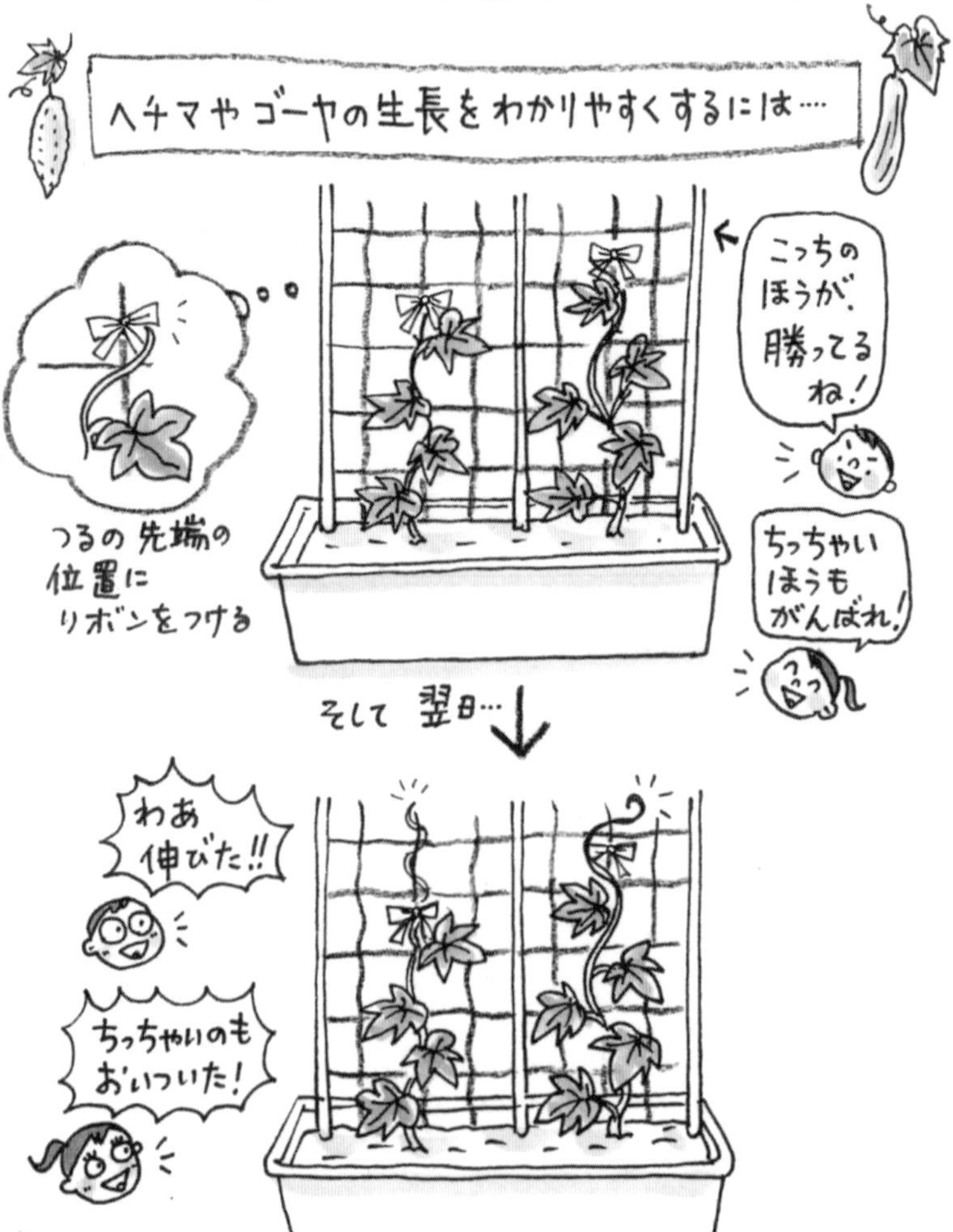

●種まきは、水曜日か木曜日が効果的

発芽までの期間は一律ではありませんが、水曜日か木曜日に種をまくと、たいていのものは土、日をはさんで月曜日の朝に芽を出します。種まきを週の半ばあたりにすれば、翌日、翌々日くらいは子どもも水やりをして、「早く芽が出ないかなあ」と待つことができます。しかし、これが何日も続くと興味が薄れてしまいます。登園してすぐに小さな芽を見つけられれば、世話をしようという意欲も生まれます。

●つるの先端にリボンをつける

ヘチマやゴーヤなどのつるは、1日で驚くほど伸びます。けれども、子どもにそうした実感をもたせるには、具体的な目印が必要です。つるの先端の位置のネットにリボンを結び、「きょうは、ここまで伸びている」ことを確認しておくと、翌日「わあ、こんなところまで伸びた」と感動の声が聞かれます。

column

子どもの「定点観測」を記録しよう

子どもの身長の伸びも目を見張るものがあります。カードに数字やグラフで伸びを記録するほかに、写真で残す方法もあります。入園、誕生日、運動会、進級、卒園などの節目ごとに、定期的に同じ場所で撮りましょう。

園のシンボルツリーの下や正門の前などを利用すると思い出になります。保護者に撮ってもらうのも、ともに成長を喜ぶことができるのでよいでしょう。

保育の提案2

観察ビンゴで遊ぼう

観察力とは、「対象の全体をよく見る・細部をよく見る・重要な個所をよく見る」など、いろいろな見方をして、そのものへの理解を深めることです。あるいは、「他と比べて違っているところ・似ているところ・同じところを見つける」ことです。「観察ビンゴ」のあそびを通して観察力を高めましょう。

園のどこかで見たよ

保育の中でくり返し目にしているものの一部を切り取ったり、クローズアップします。はさみ、かさ、水道（蛇口）、タンバリン、時計、かぎ穴など、見慣れたものの部分やクローズアップをカメラで撮ったり、絵に描いたりしてビンゴカードをつくります。それらがどこにあるものか、オリエンテーリングのように園内を駆け巡って探しましょう。グループや親子で見つけるイベントにしても楽しめます。

町で見つけたよ

探すものの範囲を町に広げます。長期間楽しめるように大きなビンゴカードを壁面に貼り、散歩に行くたびに「きょうは○○を見た」と見つけたものを消していきます。小さい紙に印刷したビンゴカードを祝日や夏休みなどに家庭に持ち帰って、家族で遊んでもいいでしょう。

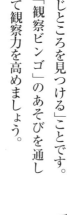

町で探そう！

見つけるもの

＊町にあるコンビニやスーパーの商標、交通標識、シンボルツリーなど
＊小学校、消防署、交番、図書館、郵便局、放送局など公共機関
＊ナス、キュウリ、カボチャ、トマト、トウモロコシなど

留意点 **個別の援助が必要な子は、保育者と一緒に探します。**

園で探そう！
～ビンゴカードの応用～

1.先生ビンゴ

園の職員の顔写真を並べてビンゴカードをつくります。先生を見つけたら握手をし、顔写真に○をつけてもらいます。

2.園の施設ビンゴ

各クラスの名前の他、職員室や保健室など園の施設と名称を理解することが目的です。園内を巡りながら、その場ごとに名前と特徴を知っていきます。

3.遊具&玩具ビンゴ

すべり台や鉄棒などの固定遊具、マットや積み木などの遊具、折り紙や人形などの玩具の名前とあそびを知ります。

保育のチェック

直接体験で感動を味わう

飼っていたアゲハが羽化しました。皆が大喜びして飼育かごをのぞき込んでいると、

A児「だれが捕ってきたの？」

B児「さなぎ、あそこにあるでしょ。あれは抜け殻だよ。あれがチョウになったんだよ。さなぎがチョウになったんだよ」

A児がしばらく見てから「でも、ぜんぜん似てないじゃん」と言うとB児は黙ってしまいました。気まずい空気が流れます。

B児は、「似てないけど、さなぎからチョウになるって、決まってるんだよ」とつぶやきました。

Point

さなぎとチョウを見比べて冷静に、共通点がないと指摘するA児の発言に、知識があっても説明できないB児は困ってしまいます。言葉で説明するより、羽化の場面を見せることができたら、はるかに説得力があるでしょう。

チェック1 「発見」は驚きと感動

「変態」という言葉で示されるように、昆虫は卵→幼虫→さなぎ→成虫と、まったく異なった姿に変わることが特徴です。今では多くの人がよく知っているこの事実も、昔の人が観察を通して「大発見」したことです。最初に発見した人はさぞかし興奮したことでしょう。

子どもにも人生で初めて体験することには、驚きと興奮を味わわせたいものです。単に知識をもっているだけでは「不幸」かもしれません。

チェック2 体験を保障する

現代の子どもたちはテレビや絵本を通して、変態の過程を知っています。チョウを見れば、それまでの過程を思い起こすことができるでしょう。しかし、さなぎからチョウという全然似ていないものに変わる瞬間を、自分の目で見たときの驚きやみずみずしい感動は映像や本にはありません。

子どもには「体験」を優先することを基本にして、その感動から探究心を抱いて知識を求めるように導きたいものです。

結論 知識の提供を急がない

飼育や栽培をするとき、絵本や図鑑を用意しておくことは大切です。ただしそれは保育者が知識を得るためです。子どもに注目させる個所や観察の時期がわかるからです。先回りして知識を与えると、せっかくの実体験の感動が薄れてしまいます。いつ、どのように本を子どもに見せるか、よく考えましょう。

観察する② 特徴を知る

対象の特徴を知るには、たくさんかかわって全体の印象をとらえたり、じっくり見て細部まで理解することが必要です。そのためには、身近なところにあって親しみがわくような関係が望まれます。

瞬時の感覚的判断

A児は三輪車をこいで遊んでいます。窪地に水が溜まっているところに差し掛かると、ハンドルを切ってまわり込みます。木の根が地面を押し上げている場所を越えようとしますが、ずるずると下がってしまいました。すると、いったんそこから少し離れ、ペダルを勢いよくこいでスピードをあげると、盛り上がった個所を、乗り越えることができました。

Point

三輪車が進む方向の環境は次々と変化していきます。目の前の障害は、まっすぐ進んでも大丈夫か、避けたほうがいいのか、判断しながらハンドル操作やスピード調整をしていきます。環境とのかかわりには、こうした瞬時の判断も必要になります。

●状況に応じて、くり出す知性

以前は、たくさんの知識を溜め込んでいることが知性と考えられていましたが、最近では、状況の変化に応じて新たな考えをくり出していく能力が重視されるようになりました。じっくり観察して、いちばん適した行動を選び出す能力も必要ですが、めまぐるしく変化する状況に次々と対応していく「瞬時の判断能力」もまた必要なのです。

●身のこなしを覚える

濡れて光っている地面は滑りやすい。石がごろごろしている道はつまずく。下り坂ではスピードが加速される。三輪車で遊ぶには、こうした環境がもつ特徴に対応した身のこなしが、理屈ではなく、行動としてできなくてはなりません。【習熟】のレベルに到達するまで、失敗と挑戦をくり返すほかありません。

●リスクをからだで学ぶ

環境に応じた身の処し方ができるようになっても、子どもが道具を使って遊んでいるときは、保育者はたえず安全に配慮しなくてはなりません。例えば、三輪車に乗ったり、棒やひもを使ったりしているときです。からだが環境に反応できるようになっても、道具が介在すると感覚が鈍くなります。道具が自分のからだの一部と同じように扱えるまでには時間がかかります。だからこそ、同じあそびを続けることで、子ども自身がリスクを「体得」する必要があるのです。

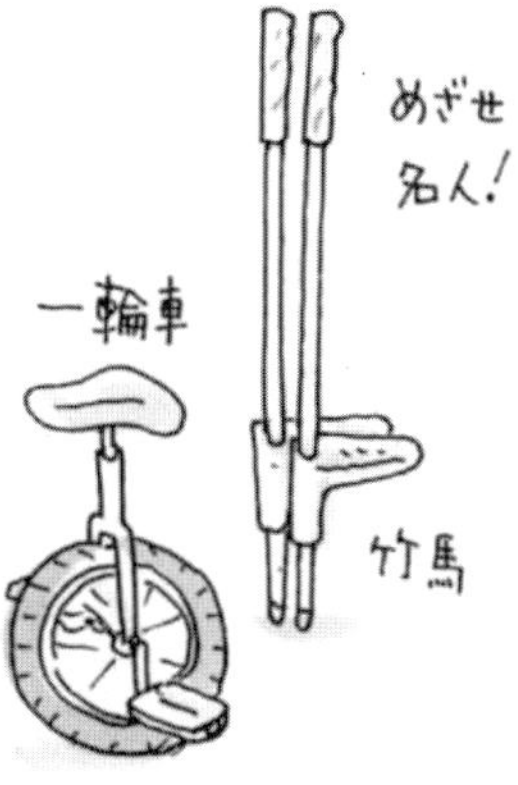

保育の提案❶

昆虫の「養殖場」をつくろう

虫捕りはたくさん体験させたい魅力的なあそびです。けれど、空高く飛んで行ってしまうチョウやトンボなどは、幼児が捕まえるのは無理です。捕まえて観察できるのは、地面をゆっくり動くダンゴムシやコオロギなどです。園の子どもたちみんなが捕まえられるように、園庭の片隅に小さな昆虫が集まる「養殖場」をつくってみましょう。

ダンゴムシ　大雪が降らない地域なら一年中採集できます。

1. 不要になった植物を1か所に集める

落ち葉、花瓶に挿した花、刈り込んだ雑草などで十分です。キャベツや白菜の外側の葉やダイコンの葉などの野菜でも構いません。虫を捕るときにこれらの植物に直接さわるので、「生ごみ」は入れないようにします。

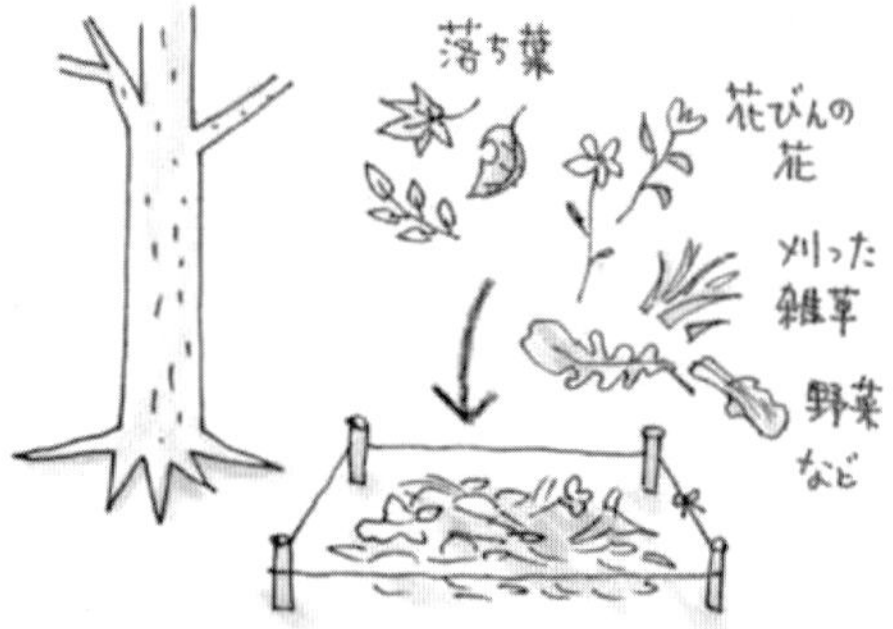

2. 1の上にレンガや植木鉢などを載せる

数日経ってからレンガや植木鉢をどかすとダンゴムシを見つけることができます。子どもが自分で隠れ家を用意すれば、「My養殖場」になります。

コオロギ　夏の終わりから秋にかけて採集できます。

1. 落ち葉などを集める

土や石などと一緒に掃き寄せたもので十分です。かつおぶしや煮干しを少量まいておくと、より効果的です。

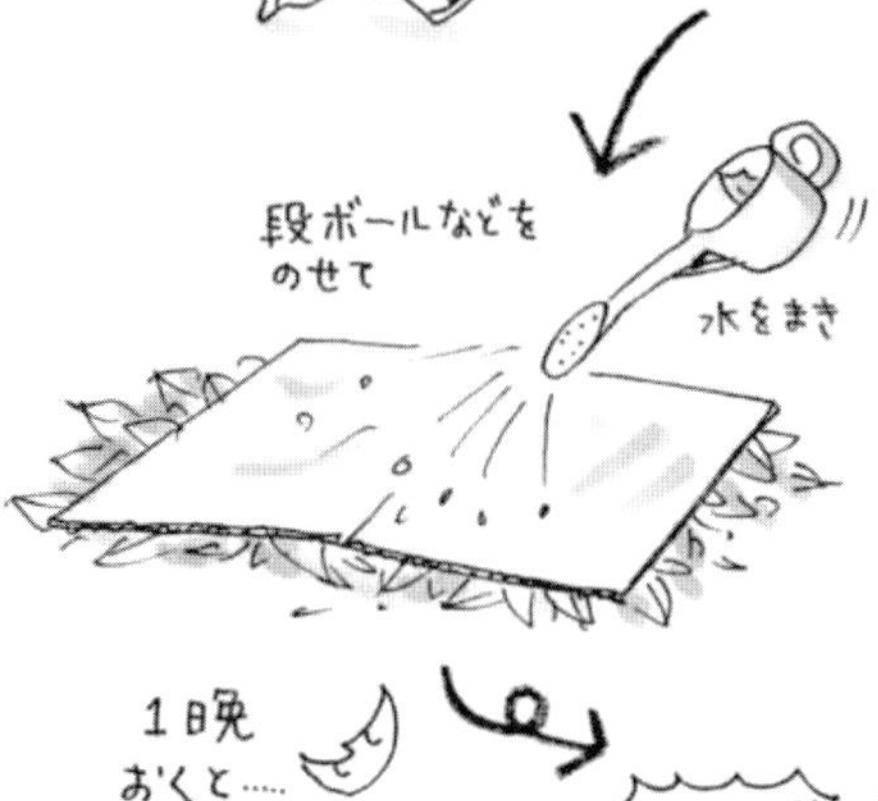

2. 1の上に、ござ、段ボール、すのこなどを載せる

じょうろで上から水を少しかけておきます。

3. 一晩おいて翌朝、2の覆いを外す

覆いを外したとたん、コオロギが一斉に逃げ出すので、それをすかさず捕まえます。逃げてしまったコオロギは暗いところに入り込んでしまうので、日中はもう捕まえられません。また一晩待ちましょう。

保育の提案 2

観察に適した樹木を植えよう

季節の変化や自然の移り変わりは、幼児にはなかなか理解しにくいものです。目立つ花が咲いたり、実がなったり、観察の機会が得られる特徴的な木が園庭にあるといいでしょう。大きなシンボル・ツリーだけでなく、たくさん遊んだ思い出がつくれる樹木もよいものです。

Point

花より団子のことわざの通り、食べられる実がなる木（クワ、ヤマモモ、アンズ、グミ、イチジク、キイチゴなど）がお勧めです。果実店で売られているような大きくてきれいな果実は、消毒や剪定の手間を必要とします。園には、世話が少なくても実をつける野性味のある木が適しています。

●プロの意見を聞こう

植物はその地に合ったものでないと実をつけません。地元の園芸高校やJA、農業試験場などに問い合わせてアドバイスをもらうといいでしょう。地元の名産のなかでも世話いらずの果実の品種を教えてくれたりします。園芸品店の店員さんに聞くのもいいでしょう。

●汚れた実と区別する

クワの実やアンズなどは、手の届かないところになりますが、熟すとどっさり落ちてきます。地面に落ちた実は泥がついていたり、虫に食われていたりするので、子どもが拾って食べないように気をつけましょう。朝、子どもが登園したら、大きなレジャーシートを木の下に敷きます。枝をゆさゆさ揺らすと熟した実が落ちてくるので、それを拾い集めます。

●火を通してジャムにすれば安心

生で食べてこその自然の味覚ですが、そのままでは不安という場合や、少なすぎて全員の口に入らないというような場合は、ジャムにするといいでしょう。保存せずにすぐ食べる場合には、砂糖も不要です。材料によっては酸っぱかったり、固まらなかったりしますが、それもまた楽しみであり、発見です。

保育のチェック

自然物を飾ろう

園の周りには、目をこらせば季節ごとに、その季節ならではの花が咲いているはずです。保育雑誌に載っているような壁面構成で季節感を演出するだけでなく、ほんものの花を花びんに挿すなど、季節の自然に触れたり観察できる機会を設けましょう。

チェック 1 自然の美しさを感じよう

桜の花びらは5枚、アジサイの花は、いくつもの小さい花が集まっている。そうしたことを実際に知ってから、形や色を紙で再現するなら意味があるでしょう。けれども実物を見ずに、定型化したモデルを見て製作をするのでは、観察力も創造性も育ちません。

チェック 2 旬の野菜も季節の贈り物

大根の白、なすのむらさき、栗の茶色。ゆずやしそやごぼうの香り、かぼちゃやすいかの重量感など、自然がつくりだす造型の美しさを見つけましょう。

結論 いのちの移ろいの観察

美しい花やみずみずしい野菜も時間の経過とともに枯れていき、腐ります。それが自然の姿です。いのちの貴さは、はかなさの実感なしには得られない学びだと、私は思います。

第2章 考える力を養う

子どもは生きる力に富んでいます。よく見比べて、自分にとって有利なもののほうを取ったり、面白そうな情報は自分から興味をもって取り入れるようになります。

しかし、子どもは直感で判断したり、印象的にとらえたりするので、本質的な理解からずれてしまうこともあります。自分の判断で行動するためにもめごとも増えますが、友だちと遊んだり話したりする経験を重ねる中から、だんだん確かな考え方をするようになります。

子どもの考える力を養うには、子どもに考える機会を十分に与えることが大切です。そのためには、子ども自身が考えて行動する保育になっているか点検する必要があるでしょう。また、考える力の中には考え方の豊かさもあります。どうやって考えるとよいか「考え方を教える」ことも必要です。

比べる① 感覚で判断する

子どもの姿❶

大きいみかんを取る（量の判断）

たくさんのみかんが届きました。保育者がお盆にのせて子どもの前に差し出します。どの子も、より大きそうなほうを取ります。A児はいったん伸ばした手を「こっちにしよう」と変えて、違うみかんを取ります。B児は長いこと迷ってから1つを選びます。

比べる力は、最初は2つのもののそれぞれの特徴に気づくことから始まります。やがて同じ視点で比較して、優劣や大小など順序づけができるようになります。まずは生活環境の中に比べるものを用意したり、比べ方を示すことから始めましょう。

Point

子どもはみんな欲張りです。空腹でなくても、特に欲しいものでなくても、とりあえず「大きい」ほうを取ります。たくましい生きる力といえるでしょう。ただ、この時期は「見た目」で判断しますから、必ずしも正しくない場合も少なくありません。

●子ども自身に判断させる

子どもが迷っているとき、保育者が「どれも同じよ」と考えることを制止するような対応は、なるべく差し控えましょう。

同じ容器の飲みものでも「見た目」で魅力が違ってきます。ラベルがちょうどきれいに正面を向いているものや、びんの周りにしずくがついているほうがおいしそうに見えます。

子どもが自分の価値基準で、自分で決める体験を大切にします。

●実生活で比べる方法を紹介する

保育者が保育環境の中で、簡単な「測り方」を見せることが大切です。重さを比べるなら、両手に持って「どっちが重いかな」と調べるでしょう。かさを比べる場合は、小さなものはおにぎりのように包み込み、大きなものは両腕で抱くようにします。長さであれば指を広げて測る、などです。

「自分で考えなさい」と号令をかけるだけでは比べられません。比べる方法を教えることが環境による教育です。

子どもの姿 ❷

ツルツルとガリガリ（感触で比べる）

レンガの破片をコンクリートの道の上でこすると粉になります。粉を集めて水に溶かし、子どもたちは「コーヒーやさん」になって遊んでいます。

興味を示したA児が粉のつくり方を聞くと、B児は「ガリガリしてるとこでこすれば粉になる」と教えます。しばらくしてA児が、「できない」と戻ってきます。

B児は「ツルツルじゃだめだよ。ガリガリのとこでなくちゃ」と言うと、「ここだよ」と連れて行き、路面をなでて「ほらガリガリしてるでしょ」と教えます。

A児「なあんだ。ガリガリって、ザラザラってことか」

Point

形や色と違って「肌理《きめ》」は触感なので、比較はなかなか表現できません。しかし、微妙な違いを「ツルツル・ガリガリ・ザラザラ」といった「オノマトペ」で表すことによって互いに理解し合うことができます。言葉の獲得は知識の獲得と連動しています。

●感じを伝えることば

目で見たり、数字で比べたりできないものを互いに伝え合うためには、共通の「ものさし」が必要になります。大人の社会では難しい単位を使って解決しますが、日常生活では「オノマトペ」を利用します。

厳密な区別はありませんが、子どもが環境の中から自然に意味を理解できるように、保育者は「平凡な」オノマトペを使いましょう（「ことば」P148参照）。

＊つるつる、すべすべ、さらさら、ざらざら、もちもち
＊ねっとり、べったり、ねばねば、べとべと、どろどろ

触感を敏感にする玩具

〈準備〉

①名刺サイズの板やプラスチック板を偶数枚用意する。
②いろいろな布（フランネル、絹、コールテン、麻、レースなど）や、目の粗さの違う紙やすりや皮、網など「肌理」の違うものを２枚ずつ用意する。
③同じ材質のものをペアにして板に貼る。

〈遊び方〉

①袋の中に板を入れる。
②袋の中に手を入れて感触をたよりに同じ「ペア」を探す。
③外れたら次の人に交代する。

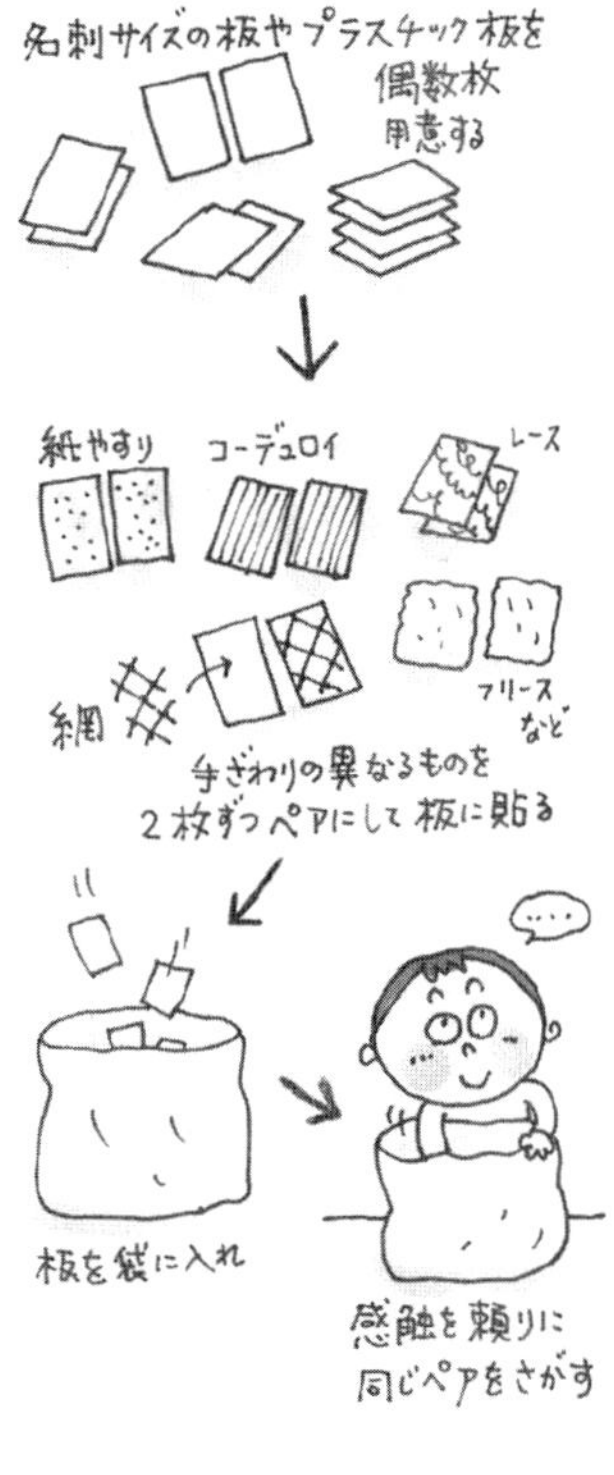

保育の提案
「嗅覚」をとぎすます

五感の中でも「嗅覚」は、生きていくうえでとりわけ重要といわれています。しかし、最近は匂いを消したり、反対に人工的な匂いをつけたりするようになってきました。そこで、環境の中の自然物の匂いに触れる活動を意図的に組み込むことが必要です。

Point

私たちは食品が古くなったとき、くんくんと匂いを嗅いで「腐っている」かどうか調べます。誰かに教わったわけではないのですがわかります。同様に、火事の匂いも本能的に察知できるそうです。

成長するにしたがって、対象を理解するうえで視覚が占める割合が多くなっていきますが、幼児期には本能としてもっている嗅覚を眠らせないようにしましょう。

あそび その1

匂いの元の花を探そう

1. 散歩ルートで「どんな木がどんな季節に匂いを出すか」、保育者が確認しておく。
2. ふさわしい季節になったら子どもと散歩に出て、どの木から匂いが出ているか探す。

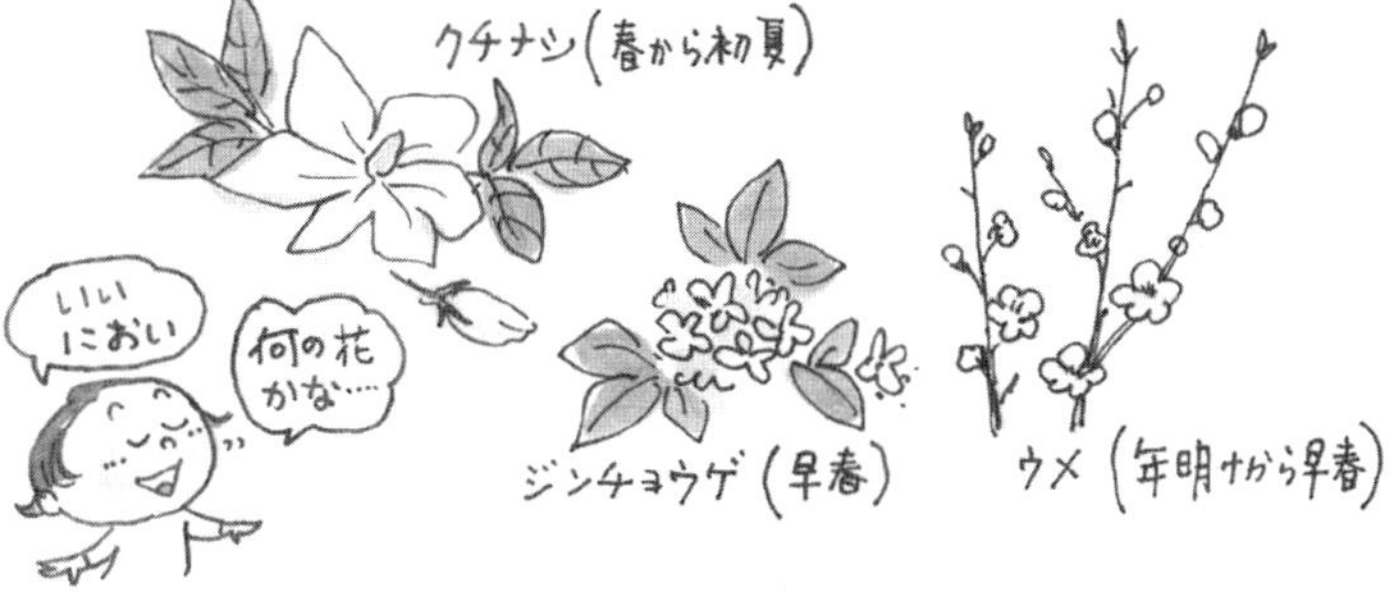

あそび その2

葉っぱをちぎって嗅ぐ

1. 園庭など身近なところに、ドクダミ、ハッカ、シソ、サンショウなど、強烈な匂いのする葉や草があるか保育者が確認しておく。
2. 保育者がドクダミなどの葉をちぎり、子どもたちに匂いを嗅がせる。「さあ、この匂いのする葉っぱはどこにあるでしょう」と合図して実際に探しに行く。

あそび その3

お腹が空く匂い

1. カレー粉、バニラ、シナモン、コショウ、しょうゆ、酢などを、同じ形の調味料容器に入れる。中身が見えないように容器の周りを紙で巻いて隠す。
2. カレーの匂いがするのはどの容器か、匂いを嗅いで探す。

保育のチェック

異質なものを見分ける力

絵本が棚に並んでいます。1冊だけ逆さまに置いてあります。通りがかった子がそれに気づき、本を抜き出すとくるりと向きを変え、他と同じように置き直しました。

差異点は共通点よりも早く認識されます。「違っている」ということは落ち着かない気分をもたらし、修正する行動を引き出します。

チェック1 いつも同じ場所に同じものがある

慣れた場所なら薄明かりの中でも目的の行動がとれます。環境を熟知しているからです。日常生活を穏やかに暮らすには安定した環境が大切です。「あれはどこ？」と探したり、「それは、このへんに置いておこう」とその都度置き場所が変わるような環境は見直しが必要です。

子どもが保育者を頼らず、自分の判断で行動できるように、環境は整頓された安定したものにしておきます。

チェック2 平衡を保つように調整する

「いつもと違っている」状態は「いつもと同じ」に修正したくなります。あるいは、「これいらない」と排除したり、「同じものに取り替える」行動を引き出します。

お腹が空いたから食べる、汚れたものは洗う、使える紙と捨てる紙を分ける、クレヨンの向きを揃えてしまう。こうした常に平衡を保とうとする行動は、円滑に生活するための力の基礎になります。子どもが自分で判断する機会をたくさん与えましょう。

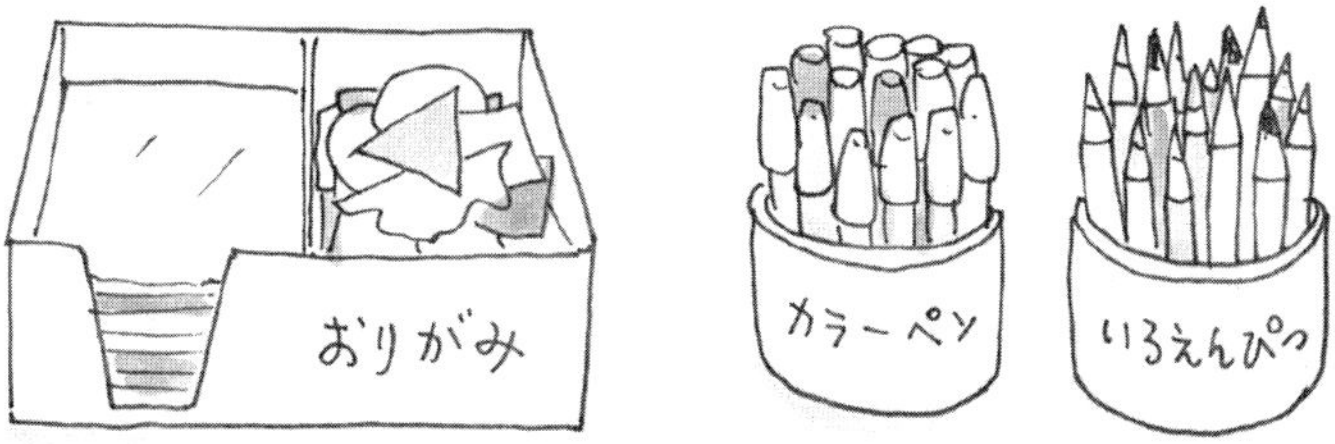

column

区別は差別になりやすい

人間は「異質なものを避ける」ことで危険や不安を取り除いてきました。こうした力は自分を守るには大切な能力ですが、対象が「弱者」の場合は、「違っている」ことを理由に差別や排斥につながる場合が少なくありません。

「みんなはちゃんとしているのに、できないのは○ちゃんだけ」というような発言は保育者として控えましょう。もともと異質なことに敏感な子どもたちが「先生という強者」の味方を得て「違っている子はダメ」と認識し、排除する危険をはらんでいるからです。

子どもの姿
ものの本質に気づく

空き箱などを利用して車をつくっています。ライトが4つもついている、屋根が開く、トランクから荷物が入れられるなど、各自が工夫したところを自慢しながら連日手を加えています。

ある日、A児が「家でつくってきた」と持参した車を走らせると、すごいスピードで部屋の端まで走り壁にぶつかり、ようやく止まりました。「すごい」。何の装飾もありませんが、車軸の竹ひごがストローの中に入ってタイヤが滑らかに回転します。たちまちみんなの賞賛を浴びます。

人任せにしたり、あれこれ迷ってばかりで決められないのでは困ります。自分の行動は、自分で判断して選べる環境を用意しましょう。どう判断するかは、その子どもなりのものであって構いません。

Point

これまでは装飾を凝らした車をつくってきたのですが、1台のよく走る車に出会ったとたんに、これまでの価値がむなしかったことに気づきます。車を構成している要素はいろいろありますが、車は「走る」という機能が何よりも重要だからです。

●本質の実現にエネルギーを注ぐ

そのものの価値は本質にあります。食べものであれば味であり、楽器であれば音です。形や色が美しくても本質にかなっていなければ価値はありません。

車の本質は走ることです。だからこそ「よく走る車」をつくることに子どもの全エネルギーを注いでほしいものです。保育者の教材研究も「本質」の見極めから始まります。

●あこがれを学びにする

本質的に優れたモデルがあると、子どもは率先してまねるようになります。飛行機の本質は遠くまで飛ぶことです。

よく飛ぶ紙飛行機を子どもの目の前で飛ばして見せると、たちまち「教えて！」と言ってきます。教える代わりにいくつも飛ばして見せると子どもは競って拾い、つくり方を真剣に調べ、考えてつくります。「ちゃんと見てないとできないよ」などと脅さなくても、本質にあこがれて、主体的な学びをするでしょう。

保育の提案

管理する力を育む

子どもが熱心につくった空き箱製作やブロックの作品は、「とっておく」のか、「片づける」のかを自分で判断させます。何もかも残しておくのではなく、スペースや数を決めて「その中に収まる量だけ残すこと」をルールにして、子どもに「どれをとっておいて、どれを壊す」のか選択させます。そうした経験を通して、子どもが主体的に環境の管理をする能力を育てます。

Point

所有者がいてあそびに使っているようなら、どんなにおんぼろであっても立派な作品です。しかし、誰のものかもわからず、ほこりをかぶって長い間置きっぱなしにしてあるような環境は望ましくありません。放置したままのものを保育者が片づけてしまうのではなく、子ども自身が判断できるようにします。

●共同の場所のルールを決める

園は共同生活の場所なので、皆が気持ちよく暮らすためのルールが必要です。作品が多くなりすぎて、使えるブロックが少なくなって困っているといった状況のときが考えるチャンスになります。

1つだけにする、ロッカーのスペースに入るだけにするなど、具体的な行動がわかるルールにします。

●制限の中で自由に判断する

ブロックは共用だから作品は残さずすべて壊すルールにしてしまっては、あそびの発展を損なうばかりか、子どもの考える力が育ちません。限られた条件の中で子どもが悩んだり迷ったりしながらも、気持ちに折り合いをつけ、自分で判断する経験が大切です。

●ブロックや粘土は「素材」に戻しておく

造形あそびの楽しさは、ゼロからイメージを広げることです。したがって、最初の「素材」はできるだけ無味乾燥で他人の手あかがついていないものがよいのです。

片づける場合は、次に使うときがゼロからのスタートになるように、子どもが帰ったあとで保育者が「素材」に戻しておきます。ブロックであれば最小のパーツに解体しておきます。粘土は全体をひとまとめの塊にするか、小さくちぎっておきましょう。

保育のチェック

状況を判断する力を育む

クラスの子どもを何もかも一斉に行動させるのでは、活動時間に比べて待ち時間が長くなりすぎてしまいます。

グループ単位で行動するときも、保育者が「次は○グループ」「次は△グループ」と指示を出すばかりでは、子どもの考える力が育たず、受け身の子どもをつくり出すことになってしまいます。

子ども自身が状況を見て都合の良いタイミングを見計らったり、どういう順番でするか自分で決める力を育てましょう。

いっぱい並んでる....
混み合ってるので
もう少ししてから
行こう

どこがすいているかな

チェック 1 混み具合を見ながら動く

保育者が用意しておいたものをグループに配ったり、グループごとに取りに行かせたりするのではなく、必要な材料と場所をはっきり知らせて、一人ひとりの子どもに自分で用意させます。混乱させないのではなく、混乱しない方法をだんだんに学ばせましょう。

周りの様子を見ようとしない子には「どっちが空いているかな」と状況を把握させたり、立ち尽くしている子には「必要なものは揃っているかな」とモデルと対応させたり個別の援助をします。

チェック 2 スケジュール管理をする

「絵本の貸し出し」や「身体計測」など以前に経験があり、これからも継続する活動は、最初は保育者主導で進めますが、やり方がわかってきたら「いつするか」を子どもに任せます。

必ずその日のうちにしなくてはいけないけれど、登園してすぐか、昼食後か、自由に遊んでいるときか、決めるのは子ども自身です。早々に済ます子がいる一方で、ぎりぎりに駆け込む子もいます。そのときの実感が次の機会に生かされます。

チェック 3 短い列の後ろに並ぶ

手洗いなどの順番を待つとき、子どもは最も短い列を選んで並んでいるでしょうか。また一度列に並んでしまったら、状況が変わってもそこに並び続けている子どもはいないでしょうか。列の長さや人数と時間との関係がわかるように、「何人並んでいるかな」と人数を数えたり、「早く順番が来るといいね」など比較する視点を与えます。急かすのではなく合理性に気づかせるのです。

情報を取り入れる

環境にあるたくさんの情報から、より重要なものを選び出し、自分の生活の中に取り入れる力は、生きていくうえで必要です。情報の価値は、最初は自分だけの判断ですが、次第に大勢の人に支持されているものを取り入れるようになっていきます。

子どもの姿❶

流行を取り入れる

A児は登園する子に次々と「新しい靴下買ってもらった」と自慢します。

「すごい」「かっこいい」「どれ。見せて」

A児の靴下には、最近放映が始まったばかりのアニメのキャラクターが描かれています。

「いいなあ。これ古い型のだから」と、B児は自分の靴下を見ます。その模様のアニメは先月放映が終了しています。

Point

マスメディアの影響は子どもの生活にも浸透しています。消費行動をうながす情報のもとで、子どもも例外なしに購買意欲を駆り立てられていきます。それだけに、大人がきちんと価値判断を示す必要があります。

●保育者の「感じ方」を知らせる

大人は子どもが危険なことや悪いことをしているときは黙っていません。何も言わないときは承認の合図です。ですから、保育者は黙認ではなく、伝えたい「価値」をはっきり示すことが大切です。保育者も情報を与える重要なメディアです。

「みんな。新しい靴下が好きなんだねえ」

「先生の靴下は、もうずうっと前からこれ。まだ履けるから、ずうっと履くんだ。もったいないからね」

●犯罪や災難も関心の対象になる

子どもの生活環境は理想ばかりではありません。犯罪や事故はマスメディアや家族を通して話題になり、子どもたちにも影響します。しかし、ただ恐れたり不安感をもたせるのでは、現代を生きぬくことはできません。子どもなりの対処の仕方を教えなくてはなりません。

「おまわりさんが守ってくれる」「消防車が火事を消しに行く」など社会に対する信頼の情報も与えることが大切です。

子どもの姿 2

年長児の劇をまねる

年長児が年少児に劇を見せています。年少児は、じつに真剣に見ています。

翌日、年長児から衣装や大道具まで借りてきた年少児は、すぐに劇を始めます。細部は割愛されますが、ほとんどストーリーに沿ってじょうずに演じます。「さわり」のせりふはそっくりまねをして、何度もくり返して遊びます。

Point

ものごとを進めるうえで「全体像を知っている」ことは有効です。この事例でも、完成した作品を見て劇の全容を理解できたことが効果を発揮しています。また衣装などを借り受けることで、間を置かずに再現することができ、より模倣しやすかったのでしょう。

●総称の理解は難しい

「クリスマス会」「運動会」「生活発表会」「お別れ会」など園では、楽しい行事が並んでいます。しかし、保育者はその意味や全体像を知っていても、年少児にとっては「それって何?」です。年初めて耳にする言葉です。一度経験した子どもでも「発表会」ではイメージがつながらず、「大きなかぶの劇をした日のこと」でようやく意味がわかるような場合もあります。

●「ほんもの」を体験するのが効果的

間接的な情報だけでは難しい内容も、直接的な体験があると理解しやすくなります。行事に限らず、ゲームのルールなども実際に動きを見ることで要点をつかむことができます。

実際を見ながら、保育者が「しっぽを取られた人は陣地に帰るんだね」などとルールを解説すると、具体的な理解が図れます。

●年長児にはモデルがない

年長児の2学期以降の活動は平板になりがちです。年長児に進級したばかりの頃は、「大きい組になったら」と前年の年長児の姿がモデルになりますが、それ以後は目標となる姿がイメージできないからです。

保育者は、子どもと一緒に「仕上がりの姿」をイメージして、それを目標にしていくような保育を展開することも必要になります。

保育の提案 1

情報を与えるディスプレイ

壁面装飾を、アニメをまねた絵や擬人化した動物でつくると決めていないでしょうか。テーマが変わっても一年中同じような紙作品が貼られる壁面では、子どもに一瞬興味をもたせるだけに終わってしまいます。

登園するとすぐに目に入る玄関のディスプレイや壁面は、子どもにとって「新たな情報」になるものを意図的に用意しましょう。

Point

子どもや保護者が「心待ち」にしたり、新たなあそびが展開するような魅力的なものにします。それには時期や担当者や内容を柔軟にすることです。思い切って「アニメ風の紙作品は貼らない」と英断をくだすのもいいでしょう。

●一人ひとりの保育者の個性を出す

子ども一人ひとりが違うように、保育者にも個性があります。それぞれが何かしら得意なことや魅力的な情報をもっているはずです。

そうした「リソース・パーソン」を発揮する場にします。

写真が趣味の保育者なら、最近撮った写真やとっておきの写真を簡単なメッセージを添えて展示します。本好きの保育者は、お気に入りの絵本を紹介してはどうでしょう。「最近気になったことば」などの紹介も楽しいでしょう。

●見つけたもののいろいろ

春であれば「黄色い花見つけ」。秋なら「きれいな葉っぱ」。小さなコップや皿に「発見者」の名前をつけて並べるだけで完成します。

子どもは担任の名前やバスの運転手さんの名前を見ることで急速に親近感をもちます（「ことば」P174参照）。

●得意技、教えます

なにもかも担任から教えてもらうのではなく、教職員全員の資源を有効に使います。「折り紙が得意なのはA先生」「あやとり名人はB先生」といったように、「教えてもらう最適な人」を紹介します。

紹介が浸透した頃を見計らって、クラスや年齢の枠を外して、「教えてもらいたいことを教えてくれる先生と一緒に遊ぶ日」を設けるとよいでしょう。保育者も好きな分野の保育準備なら、教材の用意も苦ではないはずです。

保育の提案 2

保育室に大人用の教材や機器を置く

保育者がモデルになって、自分で調べたり考えたり工夫する大切さを子どもに伝えます。あるいは壊れたものや危ない個所をそのままにしないで、修理して大事に使う姿を見せます。

現代の環境の中には、探究心と学びを支える道具がいっぱいあります。パソコン、辞書、図鑑などはその例です。また、素人でも補修することができる素材や道具があるので安心です。

Point

子どもにとっては、大人でも知らないことがあるという安心感が得られます。また、知らないことやできないことは恥ずかしいことではなく、そのままにしないことの大切さを教えましょう。

子どもの心に、今は使えないけれど「大きくなったら」と将来に対する期待を育むのも大切な環境による教育です。

留意点

大人用の道具を子どもがさわれるような状態にしておいて、後でしかるようなことは誤りです。トイレの漂白剤や殺虫剤などとともに、きちんと管理します。大人しか使わない道具での事故は「瑕疵一かし」といって保育者の負うべき責任です。

●学ぶモデルとしての保育者

子どもは絶えず「知らない」「できない！」という思いをしています。だからこそ未知や未熟なことを探究したり挑戦することの大切さを教える必要があります。

現代の環境には学ぶことを助ける便利なものがたくさんあります。それを使う姿を見せることは、子どもに明るい将来を示すことにつながります。

●大事に使うモデルとしての保育者

少し前までは「使い捨て」がよいかのように言われてきましたが、「物を大切に使う」「無駄にしない」など資源の有効活用を教えることが重要です。壊れたり古くなったものを修理しながら使う姿から伝えていきます。

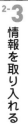

保育のチェック

子どもが話を聞かない原因

大きな声を張り上げたり、むやみにしかったり、最後には「聞いていないと後で困るよ」などと脅したりしても問題は解決しません。

子どもが話に集中しない原因は、保育者の話が「へた」だからとは限らず、物理的な環境条件が不適切な場合が少なくありません。まずは、原因を探ってみましょう。

年長児
年中児
年少児
高めの椅子
低い椅子
積み木
マット
クラスを横並びにして
前から順に
座席を高くしていく
配列
このように全員に
話し手が見えるような
配置を工夫
しましょう

チェック 1 見えない

話を聞くのは耳だけではありません。「目」の働きも重要です。子どもが話に集中していないときは、話し手の保育者が「見えない」のかもしれません。

全員からよく見えるような座席配置を考えます。集会など大勢が集まるときは、前から順に座席を高くして後方の子どもにもよく「見える」ようにします。

チェック 2 気が散る刺激がある

保育者が立つ背景に、雑多なものがあると気が散ります。窓から通る人が見えるかもしれません。背景は、子どもの注意が逸れないようにできるだけシンプルな場所を選びます。

あるいは、「逆光」で保育者の表情や絵が見えにくいのかもしれません。また狭い場所では隣の子の反応が気になります。からだが接触しないスペースが必要です。

チェック 3 子どもの支度が整っていない

着替えや手洗いがすんでいなかったり、ものを手に持っていたり、聞く態勢が整っていない子どもがいるかもしれません。個人差が生じる活動は、個別の援助を早くから進めて「遅れた」という状況をつくらないようにします。

チェック 4 待ち時間が長くて飽きる

話の前に手あそびや歌などを長々と続けていると、肝心の話のときには集中が切れてしまいます。

またテーマとは関係のない手あそびやパターン化した歌のあとに話を始めるのでは新鮮味が乏しく注目を集めません。話に沿った導入を工夫したり、本題の話に早く入ります。

経験する

ある体験をきっかけにして、それまでもっていた考え方や行動の仕方がより確かになったり、変わったりすることを「経験」といいます。しかし、経験を保育者が読み取ることはとても難しいことです。経験は子どもの内面における変化だからです。

子どもの姿❶

体験から得るもの

バスに乗っていも掘りに行きました。いも畑に着くやいなやバッタを見つけた数名の子は、バッタ捕りに夢中です。いもを掘るのももどかしくバッタを追いかけます。

園に戻り「何が一番楽しかった？」と聞くと、虫捕りの他には、バスに乗ったことや友だちと一緒に弁当を食べたことなど、いも掘り以外の話がたくさん出てきます。

Point

子どもは、そこで体験したすべてを通していも掘りのイメージをつくり上げています。「手についたシミが取れなくて心配した」「袋が破れて困った」といった負の印象も含まれます。行事は、そうしたものも含めて、日頃と違う実感を得ることに価値があります。

感情が伴う体験はしっかり記憶されます。体験そのものは極めて個人的な思いですが、「いも掘り」という特別な日に位置づけられ、その人の原風景となって記憶されます。

●高尚なねらいよりも具体的な体験

保育者はいも掘りのねらいを「収穫の喜び」や「自然に触れる楽しさ」といったことにおきがちです。しかし、そうした思いは、作物を育てる苦労を知っている人や、仕事や時間に追われる日々を送っている人の期待感ではないでしょうか。

子どもの生活は「今」「ここ」の環境にかかわることです。その時、その場で体験する具体的な喜びを得ることです。いも掘りのさまざまな場面でさまざまな体験を通して得る実感に意味があります。

●体験は将来につながる経験

感情を伴って記憶される体験は、以後の似たような状況で掘り起こされ、その人の行動を規制したり強めたりする役割を果たします。そうしたとき初めて、体験が経験としてその人の中に位置づいたといえるでしょう。性急に経験を求めず、体験を蓄積し「熟成」させる時間を保障する必要があります。

子どもの姿 2

ままごとは、つくる過程に価値がある

A児は、かごを持ってままごとの材料を調達に行き、「いいものがいっぱいあった」とツバキの花を拾ってきました。

「花びら、はずすと、ほら白いところがイカみたい」

「じゃあ、イカのお寿司にしようか」

B児は、みかんの皮を包丁で細かく切るとすり鉢に入れ、すりこぎでつぶしていきます。

「ああ、いい匂いがしてきた」

「ほんとだ、オレンジジュースになってきた」

Point

ままごとは、その名の通り「マンマ」をつくることが中心です。材料を洗ったり切ったり、かき混ぜたり盛りつけたり、さまざまな過程を踏むことで料理をつくり上げます。実際と同じようにまねることが、あそびの面白さです。

●完成品は楽しさを奪う

布製の大根やにんじんは、マジックテープでつないである個所が切り離せるようになっています。でも、それ以上に切ることはできません。皿に輪切りの大根をそのまま載せるということは、実際にはあり得ません。

プラスチック製のケーキやハンバーグは、見た目は本物にそっくりですが、皿にポンと載せるだけです。これでは、つくる楽しさが味わえません。

●包丁で切る魅力

家庭ではなかなか自由に使わせてもらえない包丁は、子どもにとってあこがれです。キャンピング（パーティー用）のギザギザナイフは安全で、値段も安いのでままごとには最適です。

園庭から材料が調達できない冬期には保育者が材料を用意します。キャベツの外側の葉やみかんの皮など廃棄するものでよいのです。白菜が1個あれば長いこと使えますから教材費としては安いものです。

●考える力を育てる

牛乳パックの「家具」は子どもがつくったものでも、ガムテープで補修するような状態になったら捨てます。汚いだけでなく、手近にあるものですませてしまって、考える力が育たないからです。壊したり、つくり変えたり、工夫したり、直したりと、子どもが実際にやってみることで、ほんものの考える力が育まれます。

保育の提案①

採ったり・捕ったりできる場所を設ける

このエリアの花は摘んでもよい。

この畑の中は自由に入ってもよい。

観賞用の花壇や収穫を目的にした畑ではなく、子どもが「あそび」に利用できる「雑草園」を設けましょう。つくるのは簡単です。近所の道端に生えている草の種を適当に取ってきて、ぱらぱらとまくだけです。短時間で草が生い茂り、虫がやってきます。

Point

幼児期の学習には何よりも体験が重要です。「いのち」の大切さも直接「いのち」とかかわる体験から理解されます。保育者の手によってきれいに手入れされた花壇や、りっぱな鳥かごや水槽だけでなく、実際に「いのち」とかかわることができる環境を用意します。

column

ビオトープよりも雑草園がお勧め

ビオトープは人間が力を貸して自然の生態系を復元するための場所ですから「そうっと見守る」ことに意味があります。また、池や水たまりは蚊の発生の防止などの管理が必要ですから、子どもが存分にかかわれる場所としては「雑草園」のほうが適しています。園芸品種ではなく、地域にたくさん生えている雑草で「伝承あそび」も一緒に楽しみましょう。

●雑草や昆虫のたくましさ

公共の場のものは「とってはダメ」というルールを教えます。園の中でもダメな場所とよい場所とを区別する必要があります。

どんなときにも「とったらかわいそう」と教える人がいますが、雑草や昆虫は、子どもがとったくらいでは、びくともしません。むしろ、幼児期に自然と豊かにかかわり、自然を愛する子どもに育てることが大切でしょう。

●動物園や植物園は特殊

現代の子どもたちは、いのちと向き合う機会が減っています。生まれる、大きくなる、弱る、枯れる、腐る、死ぬという生きものの生態を学ぶ機会が求められます。「ペット」は愛情は学べても、生態を学ぶ対象ではありません。

動物園で見るゾウやキリンは、本来は日本にはいない動物です。

パンダやコアラは世界でも希少動物です。同様に植物園も珍しい植物を見に行く場所です。子どもには、身近な自然が必要なのです。

保育の提案2

使ってみることで覚える技術

クレヨン、のり、はさみなど、道具をじょうずに使いこなすにはくり返しの練習が必要です。また、園のような大勢が同じ場で生活するところでは、複数の人が一緒に使うためのルールも覚えなくてはなりません。

道具を使いこなすまでには実際に何度も使って、からだで要領を覚える必要があります。丁寧な説明や注意を聞いたとしても、1回や2回の経験では身につきません。日常の保育の中で、反復練習ができるような環境にしましょう。

Point

「習うより慣れよ」と言われるように、何度もやってみることが大切です。保育者がクラスの全員を対象に一律一斉に教える形態では、技術の習得までは期待できません。実際に使う環境が求められます。

●経験量を増やす

例えば、はさみの使い方から考えてみましょう。保育では、刃を人に向けないなどのルールを教えたのちに、保育者が用意したお面を切り抜くといった活動をよく見かけます。これだけでは、大きなお面でも、切る長さはせいぜい50㎝ほどです。

保育室にたくさんチラシを置いて、自由に切らせます。写真を切り抜いて店やあそびの品物にしたり、細長く切って「そばやさん」にします。遊びながら切る練習ができます。

●もっとしたくなる活動を提示する

初めて道具を扱うときは、「初めて」が意識されるためか活動を簡単なものにしがちです。「クレヨン」の場合であれば、自由な線を描く「クレヨンの散歩」などです。

「クレヨンの散歩」はこの後、もっとやってみたいあそびでしょうか？　保育者から教えられた活動が「またやりたい」ものでなければ習熟は図れません。くり返しやってみたいものにしましょう。

●個人用の道具は個人で管理する

個人所有のはさみや縄や帽子などを一か所に集める意図はどこにあるのでしょうか。いちいち遠くまで道具を取りに行くのはめんどうと考えるのは大人だけです。出し入れを自分でする機会を多くして、自分のものを自分で管理する責任も学ばせましょう。

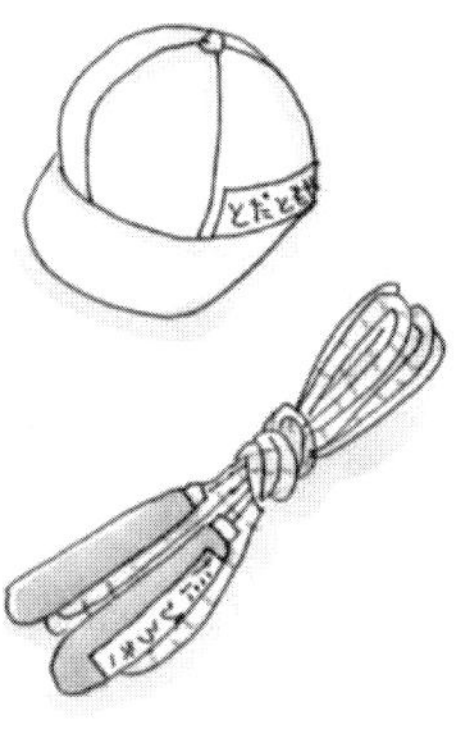

保育のチェック

子どもが自分から始めるあそび

子どもが自分の好きなあそびを自分から始めているでしょうか。自分から友だちを誘ったり、仲間に加わったりしているでしょうか。

子どもの主体性を育むうえで、自由にあそびを選択できる環境は重要です。しかし、子どもが自分から遊び始めるのを優先するあまり、保育者のかかわりが少なすぎていないでしょうか。

チェック1 同じあそびばかりしている

子どもの好きなあそびがさらに持続するように援助する姿勢は、基本的には正しいのですが、それだけでは経験が偏ってしまいます。

子どもが自分から始めるあそびは、家庭でよく遊んでいるブロック、製作、描画、TVのキャラクターごっこ、など室内あそびになりがちです。

保育者は、子どもがこれまでしたことのないあそび、集団だからこそできるあそび、家庭では制限されがちなあそびなどを働きかけて、子どもの経験を広げることが大切です。

チェック2 あそびに活気がない

登園からしばらくの間、ぶらぶら歩く子や、あちこちのあそびを「つまみ食い」する子や、学級活動が始まるのを待っているような子がいるのは、この時間帯の環境が貧弱だからです。

・あそびの材料が不足している。
・いつも同じ環境で新鮮味がない。
・時間がコマ切れで、遊び始めてもすぐにやめなくてはならない。

保育者全員で自由なあそびの意味を話し合い、具体的な改善策を導きます。担任は、「ぼんやり過ごしている子」に焦点を当て、その子が自分から遊びだす環境を考えるとよいでしょう。

チェック3 学級活動との連続性がない

指導案の打ち合わせは一斉活動のみで、準備を丁寧にするのは学級活動だけになっていないでしょうか。ある1日だけの活動にするのではなく、教材を数日間分用意しておいたり、小グループ単位で活動を進めたり、連続するような働きかけをすることが大切です。

あるいは、先に予定している学級活動をあらかじめ自由なあそびの中で少しずつ導入していき、何人かの子どもが率先して遊び始めるような状態をつくってからクラス全員でするとよいでしょう。

関心をもつ

子どもの知性は、聞こえてくる音、目にするもの、手に触れるものなど、自分をとりまく環境に関心をもち「知的好奇心」を抱くことから育まれます。さらに言えば、一時的な興味ではなく「面白い・ほしい・どうして」といった持続的な関心が重要な役割を果たします。

子どもの姿❶

関心はあるけれど

A児はテラスの階段に腰かけてサッカーを見ています。応援するわけでもなく、ましてや仲間に入る様子もなく、ただ見ています。

突然、ボールがA児の前に転がってきました。一瞬戸惑っていましたが、拾い上げると走ってきたB児に手渡します。B児が「サンキュー」と受け取ると、A児はにこっと笑います。そして、少しコートに近づいて、また観戦を続けます。

たいていの子は遊びながらルールを覚えていくのに、A児はどうして仲間に入らないのでしょうか。このままでいいのでしょうか。

Point

A児がサッカーに関心をもっていることは確かなようです。ルールを知らないとか、親しい友だちがいないといったような理由でこうした姿になっていると思われます。気持ちが高まり、自分から仲間入りする行動に出るのを待ちましょう。

●学び方は多様

学び方には大きく分けて2種類あります。1つは、やりながら理解をしていくものです。2つ目は、ある程度理解をしてから取り組むA児のようなタイプです。

こうした行動は、無用なけがや事故にあわない知恵の一つです。何かに困難さを感じて、慎重な行動になっているのでしょう。

●保育者は参加を急がせない

A児が転がってきたボールを渡すとお礼の言葉が返ってきます。するとA児は歩を前に進めます。自分の行動が好感をもって受け止められたことを知って、緊張が少し解けたのでしょう。保育者の目には歯がゆい行動に見えますが、刻々と変化する状況を読み取って行動を決めているのです。

子どもの考えは、表の行動だけではなかなか判断しにくいのです。

子どもの姿 ❷

集めること自体が目的

A児は、園庭に落ちている枝を見つけると、わざわざ三輪車から降りて拾いに行きます。そして、靴箱の端に押し込みます。靴箱にはすでに数本の棒が入れてあります。

様子を見ていたB児がとがめます。

「ここ、棒入れるとこじゃないよ。靴入れるとこだよ」

「いいの。集めてるんだから」

「集めて何するの？」

「いいの。Bちゃんには関係ないの」

「変なのっ」

Point

A児は集めた棒をどうするのか、どれくらいの量を集めるのかといったことは考えていません。棒を集めることそれ自体が目的であり楽しさです。あそびは効率や普遍性とは無縁です。「今していること」それ自体が楽しさであり「したいこと」なのです。「したいことをする」ことは非常に重要です。

●誰もがもっている収集癖

桜の花びら、どんぐり、霜柱と時期によって対象は変わりますが、子どもは集めることに夢中になります。大人の目には、価値があるとは思えないものをじつに根気よく集めます。それでいて、集め終わると放置してしまうのです。

●消費エネルギーに比例する満足感

集めるあそびの長所は、他の人と比べたり、他の人にほめられたから嬉しいというのではなく、自分の取り組みに対する賞賛や達成感をもつことです。「こんなに集まった」という成果が、頑張った自分を誇らしく思わせてくれます。こうした自己肯定感は、生きる力の源となります。

column

厳しい時代が長かった人類の歴史

リスが冬に備えてどんぐりを溜めておくように、人間もいざというときの備えをする習性があるといいます。目の前に食べものがあれば満腹でもとりあえず脂肪として蓄えようとするのです。

食糧に限らず、なんでもとりあえずストックしておこうというのは、人類にすり込まれた行動なのです。

子どもの姿❸ 問題解決の仕方

広告紙を丸めて剣をつくっています。より細く、より固い、曲がらない剣が評価されるので、そうしたものをつくろうとがんばります。

しかし、なかなかうまくいきません。巻き初めをきっちり細く固くしないとできません。いっぽう、最初ができれば、あとは軸にそって紙を巻きつけるだけなので簡単です。

「初めのところやって」

子どもたちは次々と保育者に依頼します。こんなとき、自分たちでやるように言うべきでしょうか？

Point

ものごとを進めるには、漠然と夢を描くのではなく、具体的な手続きまで考えておくことが重要です。事例のように内容を明確にとらえているときは、保育者が技術を補い、実現できるようにしてやることが大切です。

●ひたすら回数を重ねる

子どもの学習は、「自転車に乗りたい」「アニメそっくりのお姫様を描きたい」といったあこがれの実現に支えられています。失敗をしながらもゴールに向かってひたすら練習することで身につけます。

言ってみれば「下手な鉄砲も数撃ちゃ当たる」的な習得方法です。とにかく実践を通して段階や要領をつかんでいきます。

●自分の能力を見極める

練習を通して体得することの重要性は言うまでもありません。「先生やって」と甘えてばかりでは、ほんものの力は身につきません。

しかし、事例のような行動は甘えるのとは少し違います。全面的に頼っているのではなく、不足している技術の助けだけを要求していて、むしろ自分の手で完成させたいのです。

●便利なものを利用する

目標を実現するために、環境の中から利用できるものを見つけるのも大事な能力です。役に立つ道具を使ったり、熟達した人の模倣をしたり頼ったりする能力です。

問題から逃げるのではなく、問題を解決するまで、粘り強く関心をもち続けることがほんものの知性です。

子どもの姿 4

すぐに避難できないのはなぜ？

避難訓練をします。席に着いて話を聞いていると避難の放送が響き、一斉に園庭に出ます。A児は部屋を出ようとしますが、急に自分の席に戻ると、椅子を机の下にきちんと入れます。さらに、隣の椅子も中に入れてから、皆と一緒に外に出ます。

玄関のところでも戸惑っています。保育者は「うわばきのまま外に出ます。靴は履き替えません」と注意して手を引きます。

Point

「立つときは椅子をしまう」ことや「うわばきのまま外に出ない」ことが習慣として身についてきたことがわかります。

習慣はいつも通りするほうが楽です。だからこそ避難訓練が必要になるのです。

●しつけはマンネリ

日常生活が円滑に進められるというのは、顔を洗う、服を着る、トイレに行くといった行為を、意識しなくても自然の流れの中でいつも通りにできるようになることです。

一連の動作をもれなくきちんとできるようになるには、時間がかかりますが、いったん身につくと一生のやり方になります。ですから、しつけとはマンネリの「型通り」を教えることといえます。

●例外の理解は難しい

避難訓練は、せっかく身についた習慣を壊さなくてはなりません。日頃は禁じている行動を強いるのですから、抵抗感があるのは当然です。事例のA児のように「いつも通り」にしたくなります。しかし、通常のきまりも臨機応変の行動も、どちらもできなくては困ります。

●臨機応変の意味を教える

どんな規則にも例外はつきものですが、それがどういうときに適用されるのかを理解しないと混乱してしまいます。理解が難しいことは有無を言わせずさせるという対応は、考える力を奪ってしまいます。

避難訓練の目的は、素早い行動ではありません。「いのちは何よりも大切」なことを理解する機会です。いのちを優先するために必要な行動の仕方を学ぶ場です。とまどっている子どもにこそ、例外的な行動が必要なことを「ゆっくり」説明してあげましょう。

保育の提案❶ じゃんけんのスモールステップ

子どもと保育者がじゃんけんをするとき、相手のレベルに応じて保育者は出し方を変える必要があります。

初期の段階では、子どもが勝てるように、ちょっと早めに「チョキ」を出します。

「お寺の和尚さん」であれば、「芽が出てふくらんで、花が咲いて」の「花が咲いて」あたりで出します。

子どもが保育者のチョキを見て、グーを出したら子どもの勝ち。

保育者のチョキに構わずパーを出す子がいたら、次回はその子に注意を向けてじゃんけんをします。

Point

じゃんけんを使いこなすまでには段階があります。最も重要なのは勝ち負けの理解です。〈グー・パー〉〈パー・チョキ〉〈チョキ・グー〉の2者関係の判断が基本です。事例のように子どもに「後出し」させて、子どもの理解のレベルを把握します。

●じゃんけんに必要なスモールステップ

「じゃんけんぽん」の「ぽん」でタイミングよく出せるでしょうか。チョキのように形が難しいものは、出遅れがちです。事例で保育者がチョキを出すのは、子どもが「じゃんけん」と言いながら準備していたグーの形をそのまま出すことができるからです。

保育者はこうした子どもが獲得するじゃんけんの段階に注意を払う必要があります。とくに、クラスの中で「後出しのできない子」には、個別の機会をたくさん設けて理解を促します。

●喜びは学習の動機

子どもによって、じゃんけんで最初に何を出すかはたいてい決まっています。保育者は、担当するクラスの子どもも一人ひとりの癖を知っていてほしいと思います。そして、ときどきは保育者がわざと負けましょう。「勝った！」喜びは、「もっと勝ちたい」という動機となって、じゃんけんやあそびへの関心を深めるからです。

●やる気を失わない程度の挫折

負けることで「勝ちたい」という気持ちも湧いてきます。しかし、「もうやりたくない」ほど負けが続いては駄目です。ここに保育者の一人ひとりの状態に応じた対応が求められるのです。

保育の提案 2

優れた性能の道具を用意する

砂場は、子どもが登園する前に掘り返しておくのですが、今日は別の用事があってまだやっていません。しかたがなく、子どもが遊び始めた端の方から「大人用のシャベル」で掘っていきます。大きな塊が掘り起こされる様子に、みんなが感嘆します。

「僕にもやらせて」と保育者からシャベルを借りた子が掘ります。

「うわあ。これ、すごい。こんなに掘れる」

「貸して。貸して」

「先生だけずるいよ。こんないいシャベル使ってて」

Point

日頃は「子ども用」のプラスチック製のシャベルしか使っていない子が、次々と「大人用の道具」を使うとその性能の良さを瞬時に理解します。思わず漏れた不平が子どもの気持ちを素直に表しています。

●技術の不足を補う道具

プラスチック製のシャベルは軽くて持ち運びには便利でも、重い鉄製のシャベルのように、足に力を込めて掘るようなことはできません。

〝弘法は筆を選ばず〟と言われるように、達人はどんな道具でもちゃんと使いこなせますが、反対に未熟な人はせめて道具くらいは性能の良いものにする必要があります（本書P67参照）。

●道具の選び方

重いシャベルを振り回すようなことがあると危ないと心配なら、「大きい組だけ」のルールにしてもいいでしょう。年少児には「大きい組になったら…」のあこがれが、年長児には「誇りと道具の正しい扱い方」が自覚されるからです。

●適切な道具を選択させる

〝危ないから性能の良い道具は出さない〟ことでかえって、不適切な道具の使い方になっている場合もあります。例えば、はさみの先で穴をこじ開けようとするなどです。幼児用のはさみなら刃を握りしめてもけがはしないでしょうが、こんな扱いを覚えては困ります。千枚通しやきりがあることを教えます。保育者の管理のもとで適切な道具を知らせ、実際に使えることが大切でしょう。

保育のチェック

子どもの関心につきあう

子どもが「しっこく」尋ねたり、「いつまでも」こだわったりするのは、自分なりの納得を求めている姿です。子どもが抱く関心がほんとうの知的好奇心に育つように援助することが大切です。

チェック1 保育者それぞれの得意なことを生かす

園には、虫に詳しい保育者もいれば、あやとりが巧みな保育者もいるでしょう。光る団子づくりに熱心な保育者もいます。それぞれが得意なことを「園の教育的資源」と考えて活用します。

職員同士はもちろんのこと、子どもも「○○先生に聞いてみよう」と言うようになるのが理想です。

チェック2 子どもがもつ関心に関心を寄せる

子どもの関心は、必ずしもその発言通りではありません。関心を示すことで注目されたい、ほめられたい、かかわりをもちたい、甘えたいなどの要求を満たすときもあります。そうした動機が読み取れるときは、その気持ちのほうに寄り添います。

第
3
章

意欲的に取り組む力を培う

子どもがもっている知識や技術は未熟ですが、子どもは本来「やりたがり」で「知りたがり」です。できるだけ制限を減らして実際に取り組む機会を保障しましょう。

最初は未熟でも道具や素材に触れることで習熟して、自信とともに世界を広げていきます。そうした経験を通して、自分で考える楽しさを実感させます。保育者は、子どもが自分でやってみたり試してみたりできるような用具や活動を用意して、意欲的に取り組むと一定の成果が得られたり、考え方が広がるような援助をしていきます。

また、子どもは実際に見たり触れたりするものごとだけでなく、社会のルールやものごとの仕組みなどにも関心をもつようになります。保育者は園生活の中にも社会のルールとの共通性や、合理性をもたせるようにする必要があります。そのためには、慣習的な保育展開について、見直すことも大切です。

PART 3-1 使う

環境には様々な道具や素材があふれています。将来を生きる子どもたちには、そうしたものを適切に使う力が求められます。最初は失敗や無駄の連続ですが、そうした過程を経ながらも、身の周りにある多様なものに意欲的に取り組む力を育てます。

子どもの姿 1

でんぷんのりを指でつける

A児は、画用紙でつくったかばんに飾る星を切り抜きました。びん入りのでんぷんのりで、星を貼り付けます。

びんの中に人差し指をすっぽり入れると「うわ、多すぎた」と、あわててのりをびんの縁でこすり落とします。星にのりをつけると、親指と中指とで星をつまみ、かばんに貼りますが、向きが気に入らないらしく、はがしては貼ることをくり返します。

「だめだ」と言って指についたのりをタオルでふくと、両手で星を持って、もう一度慎重に位置を見ながら貼り直します。

Point

でんぷんのりは、乾くスピードがゆっくりなので、事例のように貼り直すことができます。

びん入りののりは指で塗るので、使い方を体験的に学ぶことができる良さがあります。

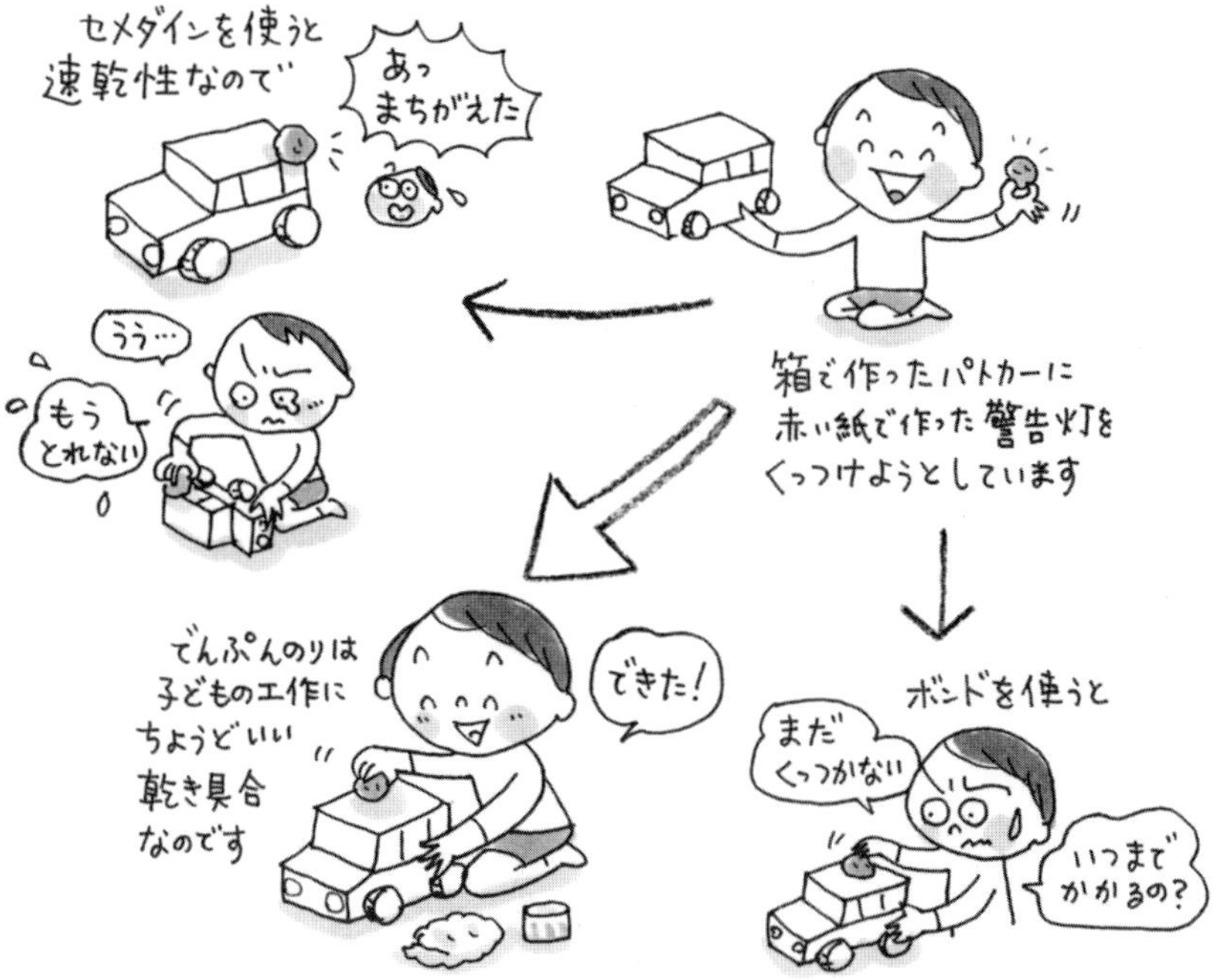

●子どもの能力に合っている

セメダインのような速乾性のものは、「どこに貼ろうかな」と考えているうちに乾いてしまいます。反対にボンドのようなタイプは、乾くまでに時間がかかって子どもには待てません。子どもには、でんぷんのりくらいの乾き具合が適しています。

接着効果が他のものより劣るでんぷんのりをなぜ使うのか、こうした理由を保護者にきちんと説明する必要があります。

●びん入りのりは、園でだけ使うもの

家庭ではスティックタイプやテープタイプののりが主流でしょう。でんぷんのりの場合もチューブ入りのものが大半です。そのため、子どもによっては、指先がべたべたするのを嫌がります。大量につけて、そこらじゅうをのりまみれにする子もいます。だからこそ、くり返し使って適切な扱いを学ぶのです。

保育者は園環境にある道具や教材について、その特徴を知るとともに、使う理由を理解しておく必要があります。

子どもの姿 2

水を上手に運ぶ方法を考える

砂場に大きな穴を掘ってダムづくりをします。たくさんの水が必要になり、子どもたちは運び始めます。

最初はバケツで運びますが、重すぎるので腹で支えると服が濡れてしまいます。一輪車に載せて運ぶと、揺れてかなりの量がこぼれてしまいます。たっぷり水の入ったジョウロは、ほんの少し傾いただけで水が口からこぼれてしまうので、口を手で押さえなくてはなりません。

「ペットボトルだったらふたがあるからこぼれないよ」「ペットボトルはだっこで運んでも服が濡れない」。このことに気づくと、ペットボトルに水を詰めてしっかりふたを閉め、抱きかかえました。

が、すぐに降ろして「そうだ、一輪車に載せよう！」。上手に運ぶ方法を思いついたのです。

Point

たくさんの水が欲しい、遊びたい……という気持ちが、大量の水を運ぶのに適したものを探す原動力になりました。あそびに対する意欲が難題を解決させたのです。

●問題に出会う

あそびの中では、しばしば困った事態に遭遇します。多くの場合、何度も失敗が続くと、最初のあそびをあきらめて他のあそびに移ってしまいます。事例のように解決にまでこぎつけることはなかなかありません。

困った状態をそのままにするか、解決しようとするかは、子どもの感じ方によります。負担感を伴う「問題」ではなく、成功するための「目標」としてとらえると、解決に向かう行動が生まれてきます。

●課題に挑戦する

自分が「こうしたい」と思う目標に向かって、その実現のためにがんばることがあそびの醍醐味です。あそびの本質は、自分の責任で自分の意志と発想を自由にめぐらすことだからです。

目標が人に押しつけられたものでなく、自分で決めたものであれば「自己課題」としてやる気がわいてきます。「なんとしてでもやってみたい」というあそびへの熱意は、「頭を使う」姿となって現れます。あそびは、それ自体が知的な営みなのです。

子どもの姿 3
道具を使ったあとは注意力が薄れる

A児は冠をつくるために、はさみを引き出しに取りに行きました。

はさみをとり出して少し歩き始めたところで「あ、忘れた。袋、袋」と、引き出しに戻ります。引き出しの中をかきまわして、奥からはさみを入れる袋を見つけ出すと、はさみをその中に入れて席に着きました。

縄跳びをしていたB児は、鬼ごっこの仲間に誘われると「オッケー」と縄を片づけようと、走り始めました。引きずられた縄の端の持ち手が傘立てに絡まり、縄がピンと張ります。その縄に後ろから走ってきたC児が引っ掛かり、転んでしまいました。

Point

これからしようとすることには注意を払っても、終わったときは、次にすることに気持ちが向かってしまいます。道具や遊具の安全性はいつも同じではありません。扱う子どもがどういう状況にあるかによって大きく変化します。

あぶない!!
ずるっ
チラシで棒を作る時
このような状況が
予測されます

始めるときより終わったときに注意する

はさみをしまうときは袋に入れる、縄をしまうときは結ぶ、など道具を扱う際のルールも、用が済むと忘れられがちです。事例のA児も袋を探していることから、前に片づけたときに、はさみを袋に入れるというルールを忘れていたことがわかります。

保育者も「ことを始めるとき」には注意をしていても、「終わったとき」の子どもの様子を見ることを忘れがちです。心しておく必要があります。

自分のペースで取り組んでいるときは安全

はさみや縄は危険、すべり台やジャングルジムは要注意と決まっているわけではありません。子どもが自分から取り組み、自分のペースで取り組んでいる限りは、安全と考えてよいでしょう。ところが、ふざけたり競争したり、自分のペースが守れないときは、思わぬ事故がおきます。

危険かどうかは状況による

安全性や危険性は固定的ではありません。画用紙でさえ、出入口の床に落ちているような状況は危険です。子どもは歩くより走るほうが多いので、画用紙に乗って足を滑らせ転倒する事態が予測されます。

保育者は環境を固定的にとらえるのではなく、状況の変化を読み取る必要があります。

おわったから
かたづけようっと

子どもの姿4
どんぐりの量を量って比べる

どんぐり集めをしたA児とB児は、それぞれ袋の口をぎゅっと握って、どちらが多いか中身を見比べています。

A児は「ちょっと持たせて」とB児の袋を持ち、重さを量るようなしぐさをします。「ちゃんと量ってみよう」。保育者に体重計を出してもらいますが、体重計の目盛りを見てもはっきりしません。

保育者が「これで調べてみれば」とボウルを2個渡します。どんぐりをボウルにあけると、A児のほうが少し山盛りで、B児のほうは平らでした。

A児は、自分のどんぐりを取るとB児に「あげる」と渡します。「いいの?」「いいよ」。ボウルの中身は同じになります。

Point

たいして差がない量は、あれこれ試してみても判断がつきません。保育者の助言もあってようやく判明します。粘り強く取り組んだうえでの結果に、納得がいったのでしょう。競り合うのではなく、同じ量になるように分け合います。

●見た目の判断

同じ量かどうか判断するのに、様々な方法が取られています。真っ先にしたのは目で「かさ」を判断する方法です。子どもの量の判断はこうした見た目の「かさ」が先行します。

事例では袋の大きさに惑わされないように袋の口を握っています。外見で間違う段階より成長しています（「かず」P40参照）。

●重さを量る体重計

「かさ」による比較に比べて重量による比較はより高度です。日頃の計測の経験があるからか、重さを量る道具として「体重計」を思いつきました。けれど、残念なことに体重計で判断できるほどの差ではありませんでした。1～2kg用のはかりがあれば解決できたでしょう。

●日頃の体験からの思考

保育者がボウルではなく、計量カップや小さなマスを出したらどうしたでしょうか。ちょっと苦労するでしょうが、もっと考えるかもしれません。保育環境に子どもが使うことができる多様な「計る道具」があることが望まれます。

保育の提案 1

微調整する楽しさを味わうあそび

おいしそうな「メロンジュース」をつくっています。
A児「ああ、青すぎだ。もっと水入れなくちゃあ」
B児「Aちゃん、水じゃないほうがいいよ。色入れたほうが」
A児「だって、青すぎ。メロン色じゃあないもの」
B児「水入れてもメロン色になんないよ。やり直したほうがいいよ」
B児「青に少し黄色まぜたほうがいい。小さいスプーン使って」
C児「私のこれ貸してあげようか」
B児「そうそう。粉じゃないときはスポイトがいいよ」
C児「ちょっと色入れるときはね。これいいよ」

Point

バケツやペットボトルなどの道具と、たっぷりの色水が用意されていれば、子どものあそびはダイナミックになります。しかし、全身を濡らすだけが水あそびの楽しさではありません。微細な動作や、細かな変化に注意を向ける力も養いたいものです。そうした行動を引き出す環境構成を工夫しましょう。

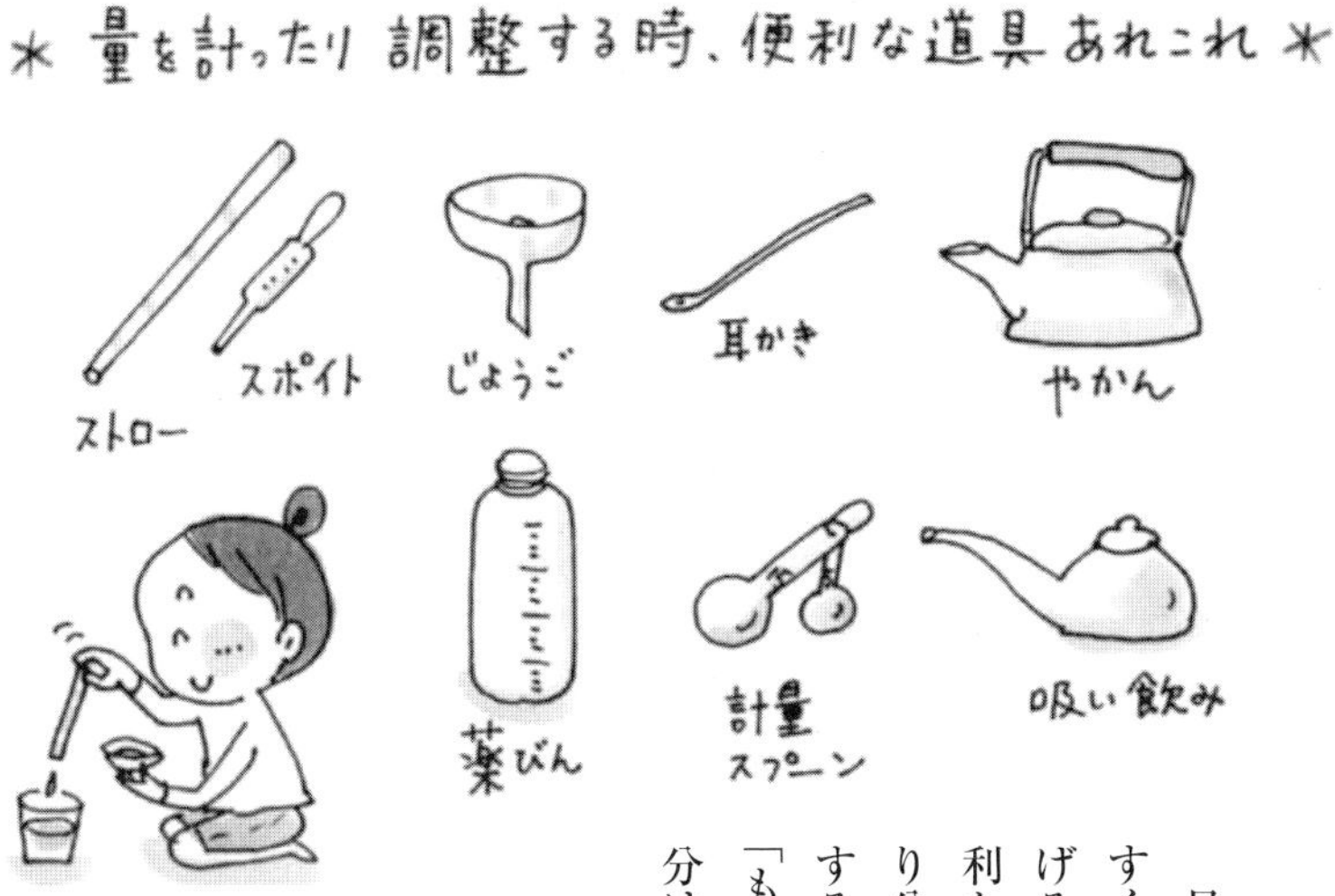

●道具によってあそびが方向づけられる

目盛りのついた薬びん、粉絵の具をすくう耳かき、溶いた絵の具を吸い上げるスポイトやストロー、注ぐのに便利なじょうごなど、少ない量を量ったり分けたりするのに便利な道具を用意すると、微妙な色の変化に気づいたり、「もったいない」とこぼさずに注いだり分けたりする動作が生まれます。

●微調整をするおもしろさ

粉絵の具や食紅などの赤、青、黄だけ用意して、「ちょうどよい色」にする加減を楽しみます。濃く溶いた絵の具は小出しにして「大事に使う」気持ちにさせます。

ストローでほんの少しだけ吸い上げる方法などは、最初は保育者がモデルを示しますが、以後は子ども同士の伝達力を育てます。

Column

つたないあそび方でもしからない

子どもは色をすぐに混ぜてしまいます。きたない色になってしまったらすぐ取り替えられるように、色水は少量ずつ出しましょう。

机の手前をわずかに高くしておくと、こぼした水が手前には流れてきません。おなかの周りを濡らさずにすみます。

保育の提案 2

保育者が道具の使い方のモデルを示す

雨どいや丸い塩ビ管をジャングルジムから地面に傾斜をつけてつなぎ、上からボールを転がします。ちらばったボールは拾い集めてもう一度ジャングルジムに運び上げます。バランスよくかごを持つことができず、登る途中でボールがこぼれてしまいます。

子どもはかごを保育者に預けると両手で登り、「先生、渡して」と要求します。そこで保育者は「先生の代わりをつくろう」とロープをジャングルジムに通し、一端をかごに結び、反対側を子どもに引っぱらせます。

「楽ちんだ」「大成功」と子どもが歓声をあげます。

Point

子どもに試行錯誤させることは知性を育むうえで大事なことです。同様に人間が獲得してきた知恵を紹介することも、子どもに新たな知の世界を広げるうえで大切なことです。子どもが使ったり、まねたりできるような簡単な原理は、モデルを示して実際に体験させましょう。

●必要を感じたときにモデルを提示する

子どもが解決を求めているときに保育者が手際よいやり方をしてみせると、事例のように子どもは大喜びで受け入れます。だからといって、原理が理解できたわけではありません。ジャングルジムの鉄棒が丸いことが幸いして、滑車の便利さを味わっただけでしょう。

保育では、科学的な知識をまったく与えないか、反対に解説をたくさんしてわからせようとするかの両極端になっていないでしょうか。体験を優先させるべきでしょう。

●将来の学習を目指して

私はあれこれ説明などはしないで、保育者が鮮やかな実践を示すことが良いと考えています。

例えば磁石で砂鉄採りをするようなとき、子どもが磁石についた砂鉄を外すのに苦労していたら、磁石をビニール袋に入れて使う姿を見せるのです。必ず「盗み取る子」が出てきます。もちろん「先生の磁石と取り替えて」というように勘違いする子もいますが、それでいいのです。

将来系統的に学ぶ機会を得れば、「ああ、そういうことだったのか」と納得がいくからです。就学前は、いろいろな体験を蓄えることが大切でしょう。

保育のチェック1

道具の種類や数は、時期によって変える

1学期と3学期では、保育環境を変えなければなりません。4月にはなかった道具を増やしたり、置き場所を変えたり、年長児だけが使えるものを出したりと、変化させます。なぜなら子どもは1年の間に確実に成長しているからです。

自分で選ぶ、片づける、友だちと使う順番を決めるなど、子どもが多様な学習ができるように、道具の種類や数は、その時期によって変えることが大切です。

チェック1 同種を多数→異種を少数ずつに

初めて集団生活に入った子どもたちは、「おんなじ」を求めます。そうした気持ちに沿うように、前期には大勢が一緒に同じ道具や素材を使えるように、数を多く用意しておく必要があります。

一方後期には、多様な種類のものを目につくところに用意しておきます。子どもは目の前にないものを探してまで使おうとはしません。「あり合わせ」「間に合わせ」になってしまいます。子どもが適切な道具や材料を使えるように、いろいろなものが見えるようにしておきます。

チェック2 気が散る刺激がある

ものがあふれている環境は好ましくありません。常設しておく道具類は「どこまで減らせるか」点検します。少なくなると、順番に使ったり、一緒に使ったり、「貸して」などの発言をうながすこともできます。かごからあふれるほどの人形やバケツは数を減らします。

子どもが管理できるように、また日常のあそびから「かず」の理解ができるように5個や10個ずつに限定します（「かず」P152、P166参照）。

チェック3 友だちと相談して使う

セロハンテープのカッターは、最初はたくさん必要です。しかし、後半になったら順番に使ったり一緒に使ったり、「貸して」と言って使う経験も必要です。砂場で大きな板や塩ビ管を使うには、周りの人の協力や同意が必要になります。

日々のあそびを通して、集団生活を円滑に進めるための経験ができるような環境にしていきます。

保育のチェック2

発想力を伸ばす道具や素材

ぬいぐるみやアニメのキャラクターなどを使って劇あそびをしたり、人形を家族の一員にしてままごとをします。好きなあそびなので毎日のようにしますが、ほとんど同じ展開で発展しません。同じ場面をくり返しています。

また別な子どもたちは、変身ごっこを毎日しています。しかし人気のある衣装や道具が限られているため、独占する子がいたり、取り合いでもめてしまいます。

チェック 1 模倣や再現の楽しさを味わう

子どもが情報を積極的に取り入れて遊ぶのは望ましい学習の姿です。ここで重要なのは、取り入れている情報のレベルです。子どもが何をまねしているのか、面白いと感じているのかを観察します。それが発達のレベルを示しているからです。

保育者があそびを提供するときは、発達のレベルに合ったあそびにすることが必要です。保育者が一緒だとあそびが続くのに、保育者が抜けるとやめてしまうような状態は、レベルが合っていないことを示しています。

チェック 2 柔軟な思考力を育てる

性別や性格、役割や機能がはっきり決まっているキャラクターや道具は、そっくりまねるには適していますが、新たな展開を加えることは難しくなります。子どもが手を加えられるような「未完成」なものや、多様に使えるものに変えていきます。

チェック 3 遊びながら考える・考えながら遊ぶ

TVのストーリーを再現したり、キャラクターに変身するあそびは保育者の目にも「あのあそび」とはっきりわかるので「盛り上げる」援助が簡単にできます。それに比べて子どもが自分の考えでつくり出していくあそびは、保育者には筋が読めず「でたらめ」に見えます。最初は「でたらめ」に見えるあそびもだんだんに決まった形になっていきます。この過程を根気よく待つことが重要です。考えているからこそあそびが変わるのです。

子どもの姿❶
ままごとをどこでする？

「ままごとしよう」と子どもたちがホールの入口に集まりました。荷物を運び始めたところで、「ここ、やめようよ」という意見が出されます。

「布団踏む人がいるから」

「ボールが転がって来る」などの問題点がいくつか指摘されました。

「ワンちゃん散歩に連れてくから外でもいいんじゃない？」

「あ、そうだ。外だったらバーベキューできるよ」

外ですることに決まり、苦労しながら用具を外に運び始めました。

Point

あそびと場所との関係を考えて、短所や長所を想像できるようになっています。しかし、子どもが予想できることは限られているので、実際にその場所を使うとまた新たな問題が出てくることでしょう。そうした思い違いも環境を理解するうえでは重要です。

環境は、緩やかだったりきっちりしていたり、それぞれ違いますが、一定の決まりから成り立っています。子どもはあそびを通して、その特徴をとらえたり、なぜそうなのか理由を考えたりします。

●移動に便利な道具の整理

保育者が決めたあそび場ではなく、子どもが「お気に入り」の場所を選べるようにします。あそびに使うものを持ち運びしやすいようにかごなどに入れ、ひとまとめにして目につくところに置きます。

あそび場所は子どもの選択に任せますが、持続したあそびになるように、収納場所は一定期間同じにしておきます。

●製作素材も可動式に

はさみやセロハンテープなどの製作素材は、通常は室内に置かれます。けれど、戸外あそびでお面が壊れたり、変身ごっこの衣装の修理が必要になって、子どもが頻繁に室内に走り込んでくるようであれば、必要な物品は戸外に配置しましょう。ワゴンなど可動式のものが便利です。

●子どもの判断を点検する

子どもが選んだ場所が不適切な場合もあります。ひなたで本を読んだり、風の通り道で折り紙をするなど、あそび場所としてふさわしくない環境条件は、保育者が助言して方向づけます。「動線」が交差するような場所は、理由を説明して移動させます。

子どもの姿 2

図鑑の索引を利用する

虫捕りのグループが「カミキリ捕まえた」と大騒ぎで部屋に入って来ると、周りを大勢が取り囲みました。

A児が図鑑のあちこちのページを開いて、カミキリムシを探します。年長のB児が「ちょっと貸してごらん」と図鑑を引き寄せ索引ページを開くと、文字を指でなぞりながら「あ、い、う、え、お、か、かぶとむし、かみきりむし24。24ページだ」と読み上げカミキリムシが載っているページを開きます。

「あ。これだ！」

みんなが一斉にカミキリムシの絵を指さしました。

Point

頻繁に使っている図鑑なので、カミキリムシがどこかに載っていたと記憶していても、なかなかそのページに行き当たりません。苦労しているときに、索引から探す方法を知っている子に出会います。どうして目指すページがすぐに探せたのかは理解できないでしょうが、鮮やかな手法は印象に残ったことでしょう（「ことば」P76参照）。

●隠れている順序

しょっちゅう図鑑を利用していても、索引を知っている子は限られます。事例のように、目の前で索引を使う姿を見られたことは貴重な経験です。しかし、鮮やかな手さばきを漠然と感じても、索引は文字の配列が50音順になっていることを理解しないと、使いこなせません。仮に索引ページを開いたとしても、文字をあちこち探すことでしょう。

●探究心に期待する

試行錯誤しながら自分自身で知識を獲得するのはもちろん大切ですが、まねをしたり、教えてもらうことも問題解決能力の一つです。次の虫捕りの機会が待たれます。同じように索引を使おうとするでしょうか。「先輩はどうやって見つけたのだろうか」という疑問や「教えて」という気持ちがわいてくることを期待しましょう。

column

“同じ”を確認する喜び

子どもは、よく知っている虫でも、捕まえると必ず図鑑の絵で確認し、「同じだ」と喜びます。同定できたときの満足感は特別なようです。私たちが飛行機から地上を眺めて「地図と同じ」と喜んだり、観光地で「写真とそっくり」と妙な感想をもつ気分と同じなのかもしれません。

子どもの姿 3

他のクラスと玩具を貸し借りする

基地の周囲を床上積み木で囲みますが、1周させるには足りません。「これじゃあ、だめだよ。ここから敵に入られちゃう」と誰もが不具合を指摘します。

「ほし組、貸してくれないかな」「そうだよな。終わったら返すからって言って借りて来ようよ」。しかし、ほし組は貸してくれないだろうという意見が出されます。

「じゃあ、こっちを貸して、積み木借りてこようよ」「これも貸してあげたら。そうすれば貸してくれると思うよ」。ブロック2種と交換するアイデアが出されます。

ブロックのかごを持った2人を先頭に、皆でほし組に出向くことになりました。

Point

見通しをもって始めていないために、完成間近になって積み木の不足が判明します。隣のクラスに同じものがあることを知っていて、自分のクラスの他の玩具との交換という案が浮かびます。

貸す玩具の種類を追加したのは、借りる玩具と貸す玩具の対価を考えると、1対2くらいになるのが適当と考えたのでしょう。

PART 3-2 探る

●少量の玩具ではもの足りない

クラスごとに、異なる種類の玩具を少しずつ配置している園を見かけることがあります。初めのころは「こんなおもちゃがあるよ」という紹介も兼ねて、いろいろな玩具に触れることも必要です。けれど、その時期が過ぎたら、同じ種類の玩具が大量にあるほうが、あそびが発展します。

●保育者同士の親密さが必須

事例のように、「隣の組から借りてこよう」と子どもが発想する背景には、日頃からクラス間の交流がひんぱんに行われていることが想像されます。保育者同士の親密な交流なしに、子どもの交流は生まれません。

●貸し借りは公平に

事例では、「ものを借りるときには、代わりのものを貸す」という社会の約束が採用されています。さらに、貸し借りが対等になるような配慮もしています。子どもの学びは、こうした環境の中に埋め込まれているルールに準拠しています。

保育の提案 1

保育室を機能別に使う

子どものあそびへの意欲を感じ取ると、今の環境をもう少し続けさせてやりたいと思う場面がしばしばあります。大型迷路や店やごっこなどは、その都度壊してしまっては、連続性や計画性が成り立ちません。「残しておきたい」と思っても、昼食のために「片づけ」を告げなくてはならないのが現実です。

1つの保育室があそび場も、食堂も、集会場も兼ねていては、持続的なあそびを保障することができません。かといって、部屋数を増やすわけにもいきません。必要な物品は常設しておかなくてはなりません。こうした制約のもとでは、保育室の柔軟な使い方を工夫するとよいでしょう。

Point

隣同士の保育室や同じ年齢のクラス間で連携して、機能を分担します。長期は無理でも、必要な時期に必要な期間だけ実施したり、配置するものの一部だけでも機能別にすると生活が快適になります。

子どもは、あそびに適した場所、場所に適したあそびを学びます。

●玩具や教材をまとめて配置

各クラスに玩具や備品を均等に分けて、それぞれのクラスに異なる種類の玩具が少しずつあるような環境は、遊びが充実しません（本書P109参照）。かといって、小学校のように図書室、図工室、理科室などの部屋を設けるゆとりはありません。そこで、A室には物語の絵本、B室には劇の衣装、C室には小動物が飼育されているといったように、クラスごとに個性をもたせます。

子どもは「あの部屋に行けば○○がある」ことを知って、必要なときに遊びに行ったり、ものを借りに行ったりできます。

●3学期には「空き教室」を設ける

進級間近の3学期には、少人数学級を解体して多人数のクラスに編成し直したり、学級を合併してみます。そうすると「空き教室」や担任ではない保育者が生まれます。

空き教室は、段ボールを使った造形あそびや、舞台と客席を常設した劇場などに利用できます。担任を離れた保育者は、援助が必要な子に存分にかかわったり、特定のあそびを担当することもできます。

保育の提案 2

壊すあそびも取り入れる

大人がスチールの棚を分解するのを、子どもが手伝っています。

「スパナ取って」「今度は六角レンチ」と言われ、「これ？」と確認しながら渡します。

「ねじを外すから、落ちないように、ここしっかり持ってて」と頼まれ、棚板を真剣な表情で支えます。

作業が終了して、「手伝ってくれてありがとう」とボルトを1本もらうと大事そうに持ち帰りました。

Point

保育の中のあそびのほとんどは「つくる」あそびですが、こうした壊すあそびを加えることを勧めます。壊す過程は、製造にかかわった人の存在を想像する機会にもなります。また、大人用の道具に触れたり、作業の一部に参加することには、格別の魅力があります。

●ほんものの魅力

大人と一緒の場合は、事例のように、子どもでもできる作業を選んで参加させます。大人からみれば些細な作業でも、任されると子どもは真面目に取り組みます。あそびではない仕事、玩具ではないほんもの、価値ある作業に参加しているという誇りが、集中力や根気を培います。

●子どもが壊せる単純な構造

子どもだけで取り組ませる場合は、簡単に壊せるような材料を選ぶことが重要です。最近は構造が複雑だったり、部品が精密だったりして、簡単に分解できない製品が多くなっているからです。毎日、活動の終わりには、不要なものが散乱していないか、道具が元の位置に戻っているかなどを保育者が立ち会って確認します。

壊しきるまでには日数を要します。毎日、例外なく終了時の確認をすることで、整頓の必要を理解し、責任感が育ちます。

c o l u m n

子どもに見習い修業を積ませる

私は簡単な修理は保育中にします。勝手にさわってはいけないことになっている道具箱を「持ってきて」と頼むと、子どもは張り切って運んできて、手伝う気満々です。修業を重ねるうちに、私がねじ山をのぞき込んだだけで、「プラス？　マイナス？」と聞いてドライバーを差し出せるほど、頼もしい見習いになります。

保育のチェック1

保育者自身の保育観を省みる

2人の子どもが毛虫を見つけて、「悪者、待て」「どこへ行く」と騒ぎながら追いかけます。A児が棒で毛虫の背中をつつくと、毛虫は一瞬止まりますが、また這っていきます。B児はシャベルで毛虫をすくい、ポンと投げ上げます。毛虫は地面に落ちたまま動きません。

2人はしゃがんで毛虫を見ています。しばらくするとほんの少しだけ動きます。B児は「しぶといな」とシャベルのへりで毛虫を押さえます。毛虫は動きません。「とうとう死んだか」「死んだ」。

Point

子どもは毛虫に出会った瞬間から自分たちを上位に置き、毛虫をいたぶり死に至らしめる過程に夢中になります。行為自体を目的として主体的に取り組む姿はまさに「あそび」ですが、こうした行為を「あそび」とみなすには異論があるでしょう。保育観が問われます。

column

命をおろそかにしてはならない

私だったら、事例のような場面では、このように声をかけます。

「あなたたち、その毛虫が悪者かどうか確かなの。あ〜あ、いい毛虫だったかもしれないのに殺しちゃって。あわてもの！　よく考えてからにしなさいよ」。私の価値観をはっきりと表明します。

チェック1 保育者は中立の立場をとれない

保育者の役割の一つは、今子どもがしていることの是非を判断することです。判断に留保はありません。最近は保育の中で「見守る」という表現を目にしますが、保育者は子どもと「関係ない」立場はとれないのです。黙って見ているのは、子どもに「今のままでよろしい」と認めることになります。

チェック2 保育者の価値観は瞬時に表現される

事例のような行為を目にした瞬間「やめなさい」と制止したりする保育者がいるでしょう。一方、「毛虫」を率先して駆除する保育者もいるでしょう。チャドクガのように刺されると危険な毛虫もいるからと毛虫は見つけ次第殺すことを決まりにしている例もあります。どちらの場合も迷いがありません。

チェック3 個人の保育観を園の保育原理と照らし合わせる

保育実践は園や保育者の保育観の反映です。指導案や行事の展開などは園の保育観が強く反映されるでしょうが、日々の保育は子どもとかかわる保育者個人の保育観が問われます。常に園の保育原理と適合しているかどうか、省みる必要があります。

保育のチェック2

「ほめる」「しかる」の留意点

廃材を使って工作をしています。

保育者がA児に「Aちゃん、かっこいいね」と言って近づくと「ここから火を吹くんだよ」などと自慢げに作品の説明をします。

「すごいのができたね」と保育者がその場を去ろうとすると、同じテーブルのB児が、つくっていたものをバリバリと壊し始めます。

「あら、どうしたの、せっかくできたのに」と保育者が言うと、B児は「やめた。別のにする」と答えて全部壊してしまいます。

Point

保育者の言動は子どもに強い影響力があります。特定の子に向けた発言が動機づけになって、活動が活性化することがあります。けれど事例のB児のように、当事者ではない子を萎縮させてしまったりする場合もあります。

よく がんばって やり直して いるなあ
えらいぞ!
きっと いいのが できるよ!
……
けっきょく 最初のと同じ車を作るおっくん

チェック① ほめている内容を具体的に示す

保育者のほめる行為は、周囲の子の意欲を引き出したり、達成水準を高める方向に作用することが望まれます。

そのためには、「かっこいい」「すごい」などの表現ではなく、保育者が具体的に何をほめているのか、はっきり示すことです。子どもが保育者とは別の受けとめ方をしているかもしれないからです。

チェック② 取り組みの過程や工夫をほめる

子どもの視点は、でき上がりにのみ向きがちです。保育者は結果ではなく、取り組みの過程やその子なりの工夫、修正、粘り強さ、独創性などに注目してほめます。

「失敗をやり直した」「長いこと続けた」といった保育者にしか読み取れない姿をほめます。そうすると、子どももそうした見方の大切さに気づくようになります。

チェック③ 行為をとり出してほめる

ほめるときも注意するときも行為について評価します。例えば「Aちゃんダメ」では、まるでA児の人格を全否定したかのように受け取られます。「顔を叩いたAちゃんは悪いよ」と行為を抽出します。

行為はしかっても、子どもを嫌っていないという姿勢を伝えなくてはなりません。保育者の言動の影響力は計り知れません。保育者のものの見方は、やがてクラスの子どもの見方になっていきます。

さまざまな事象と実際にかかわることを通して理解することが重要です。子どものかかわり方は一見まとまりがないように見えますが、じつは子どもなりの見通しや「当て」をもっています。子どもが自分の考えで積極的に試したり、探究したりする力を育みます。

子どもの姿①

道具の数がそろっているか確認する

砂場の道具を片づけます。A児はかごの中のバケツを1つずつ押さえて数えると「7だ。あと3つ」とつぶやき、周囲に向かって「バケツ使ってた人、早く返してください」とアナウンスします。

10個のバケツが集まると「よし」と言って、かごを棚に収めます。かごが並んでいる場所に、すきまがあります。「あれ。なんだ?」とつぶやき、近くの子に「ここなんか足りないね」と話します。

B児が「いいんだよ。じょうろ、リス組に貸してるから」と答えると、「あ、そうだった。畑に貸したんだ。だからいいんだ」とA児は自分に言い聞かせるようにつぶやくと、「じゃ、おわりだね」と誰にともなく声をかけ、その場を去りました。

Point

A児は意欲的に片づけに取り組んでいます。バケツは全部で10個集める、棚には道具のかごをきっちり収める、と、何をすればいいのかが明確になっているからです。自分のするべき行動がはっきりしていると、自信をもって行動することができます。

●「やったあ」と満足する

労力を要する仕事や難しい課題は、すぐにできないだけに成し遂げたときの喜びは大きくなります。A児の「じゃ、おわりだ」の発言は、単に終了を意味しているのではなく、やり遂げたという達成感を示していると思われます。

こうした達成感は、さらに高いレベルの課題に挑戦しようとする意欲を引き出すので、幼児期に味わわせたい実感です。

●完成した状態を明瞭にする

しかし、自分で「ここまでしよう」と到達レベルを決めて、それを目標にし、なおかつ達成するということは大人にとっても難しいことです。事例のように、バケツの数や収納の状態が視覚的にとらえられるようになっていると、最終ゴールがはっきりするので「やる気」とともに、自分で「やったあ」と判断することができます。

子どもの姿 2

先生が「だめ」って言ったから…

オシロイバナの花で色水をつくります。つぼみや開いたばかりの花は色が出ないため、「とんがっている」つぼみは採らない、咲き終わって「丸くなった花」を使う、というルールです。しかし、参加者が増えてくると、守れない子がでてきます。

保育者が、「つぼみはこれから咲く花なので大事にすること」と、「つぼみは色が出ないから採っても無駄であること」を説明して注意します。しばらくすると子どもたちは、つぼみを採る子に「先生に怒られるよ」「だめって先生が言ってた」と説明しています。

Point

保育者は、つぼみを採らない理由を説明したのですが、それらは浸透しません。実際につぼみがこれから咲くことや、色が出ないことを自分で確かめたわけではないので無理もありません。

●知識は体験を通して得る

つぼみは色が出ないことを納得するには、たくさんのつぼみで試してみることです。保育者も子どもに教える前に、「こっそり」試してみることが大切です。

子ども一人ひとりが試す機会を得ることが理想ですが、せめて1回でもそれが試されるのを見ることができたなら、納得がいったことでしょう。

●時間経過による変化は理解しにくい

つぼみは色が出ないことは試してみれば確かめられますが、つぼみが将来花になるのを理解するのは難しいことです。

実際の体験からの理解が重要だからといって、すべてを実際から理解するわけにはいきません。本で読んだ、お兄ちゃんに聞いたという間接的な知識もありますし、保育者が「そう言ったから」も含まれます。

●保育者はほんものの知識をもつ

保育者が子どもに教えるからには、知識がないよりはあるほうがいいに決まっています。だからといって、それをすぐに教えることが良いこととは限りません。子どもと一緒に「ほんとかな？」と疑ったり、「調べてみないとわからないね」と答えを保留したり、実際に試す機会に期待してもいいでしょう。

子どもの姿３

困った事態に立ち向かう

藤棚の伸びたつるに紙飛行機が引っ掛かってしまいました。近くにいた子がシャベルを高く伸ばしますが届きません。ほうきで試みますが、同じです。シャベルを投げると「危ないだろ」の声があがります。結んだ縄を紙飛行機に向かって投げると、途中でほどけて縄も引っ掛かってしまいました。

「ボールがいいんじゃないか」

「そうだよ。ボールだったらボンて落ちて来るよ」

サッカーボールを投げたら、紙飛行機が落ちてきました。

「紙飛行機、壊れちゃった？ごめん」「いいよ。いいよ。大丈夫。直せるから」

Point

困った事態を自分たちで解決しようと努力します。最初は手近にあったもので試してみますが、うまくいかないとわかると、あれこれ意見を出し合って、すぐに次の方法を試してみます。

●集団の学び

園の環境の長所は、複数の子どもが場を共有していることです。事例でもトラブルが発生すると、事態を理解した子がすぐに応援して、それぞれ試みます。

紙飛行機は落ちてきたものの壊れてしまいました。しかし、紙飛行機の持ち主も助けようとした行為から生じた結果ということを理解しているからでしょう、許す気持ちになっています。

●次々と「繰り出す」考え

以前は、知識がたくさんあることが賢さと考えられていました。知識をコンピュータ等にしまっておくことができる現代では、実践に即していろいろな意見を出し合い、共通の課題を解決する能力が求められるようになってきました。

column

アクティブ・ラーニング

次の学習指導要領では、「アクティブ・ラーニング」が提案されています。教師が知識を詰め込むのではなく、学習者自身が実際にやってみたり、意見を出し合ったり、課題を見つけたり、実際に行動しながら考えを広げたりする能動的な学び方です。

こうしたアクティブ・ラーニングは、すでに幼児期から始まる学び方であり、保育でも大切にするべきことといえるでしょう。

子どもの姿④ なわとびを自慢する

これまで、縄跳びが跳べなかったA児が「跳べるようになったから見せてあげる。来てごらん」と保育者を呼びに来ました。

保育者は「ちょっと待って。後で見に行くから」と作業をやり終えてからA児のところに行きます。

「じゃ、見せてあげるね」と始めたものの縄が足に引っ掛かって跳べません。

「さっきは跳べたのに。先生が早く来ないからだよ」。A児は保育者に苦情を言います。

Point

実際に跳べるようになったのか、そんな気がしたのか定かではありませんが、「見せてあげる」の口調は自信に満ちています。そして、その自信は失敗を前にしても消えません。ほどなく跳べるようになるでしょう。

●有能感は子どもの特権

A児は失敗の原因は自分の未熟さではなく、「先生が早く来ないから」と主張します。このうぬぼれ、この図々しさが子どもの子どもらしさであり、新たな能力獲得へと導いています。

子どもは本来自信に満ちていて、自分は「たいしたものだ」と信じて疑っていません。この有能感が失敗にめげずに挑戦し続けて、やがては必ずできるようになる原動力となっています。

●未知の環境で暮らす子ども

子どもを取り巻く環境は、未知なことと未熟なことで満ちています。「知らない」「できない」からといって、そこでやめてしまったら、将来を生き抜くことはできません。

幸いなことに子どもは「やりたがり」の「知りたがり」です。保育者は何かを教えよう、今の姿を変えようと急がず、もともと子どもがもっている意欲を大事にするべきでしょう。

Column

成長とともに消えてしまう「うぬぼれ」

子どもは絵を描くと必ず「見て」とか「見せてあげる」と言います。人に自慢するような絵でなくても、それどころか何を描いたかわからないようなつたない絵でも「上手でしょう」と見せに来ます。

しかし、いつの間にか絵を裏返しに出すようになります。なぜでしょうか。何が、誰がうぬぼれを奪ったのでしょうか。

保育の提案❶ 不思議な現象はもう一度試してみる

草や葉をすりつぶし、水をかけて濾して緑色の「お茶」をつくりました。「たくさんできたからとっておこう」とペットボトルに入れて棚に置きます。

翌日とり出してみると「あ、麦茶になっちゃった。昨日は『お〜いお茶』だったのにね」「不思議だね」と言いながらも捨ててしまいます。

新たに「緑茶」をつくり、終了時になると「また麦茶になるかもしれない」「試してみよう」と昨日と同じようにボトルに詰めて置きます。

Point

同じ状態にすれば、同じ結果が得られるのではないかと「試して」みます。科学的思考の「追試実験」に相当します。しかし、「緑茶」が「麦茶」に変わった理由をどう考えているのかはわかりませんし、明日になると試したことも忘れて違うあそびをするかもしれません。

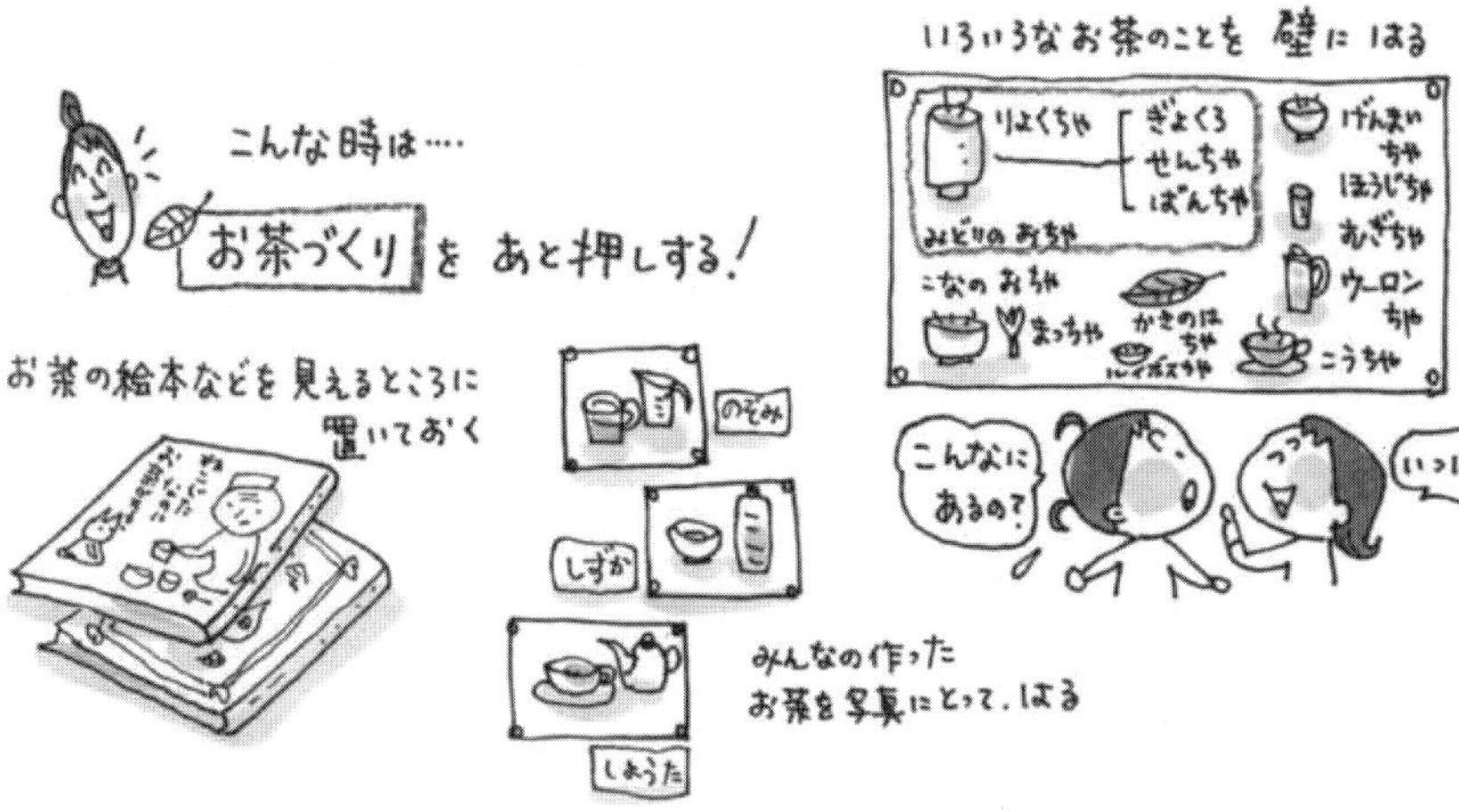

課題解決に向かう気持ち

「麦茶になっちゃった」と驚きながらも捨ててしまったのですが、終了時になると再び昨日のことが思い出されたのでしょう、確かめる気持ちがわいてきます。「変だ」「どうしてだろう」「わかりたい」という気持ちが残っていたからでしょう。

ほんとうの知性を獲得するには、知識や技能のほかに、こうしたもっと知りたいという気持ちと実際にやってみる行動力とが必要です。

OECD（経済協力開発機構）では、こうした一連の能力を「社会的情動的なスキル」と呼んでその重要性を提唱しています。

知的好奇心に対する共感

「社会的情動的なスキル」は、一生の学びを支える重要な力で、幼児期に限ったことではありません。しかし、幼児期に関しては、知識の獲得を急がないことに留意する必要があります。

この事例でも、大事なのは学校教育のように「酸化」のメカニズムを教えることではなく、あそびの中で何度も同じ体験を重ね、「いつもこうなる」という事実と「不思議だなあ」という思いを強くすることです。

保育者は「お茶づくり」が続くように環境の構成をします。そうすれば、麦茶への変化に気づく子が増えるでしょうし、試してみる子も増えて、持続的な関心になるからです。

保育の提案 2

突然「片づけ」にしないで

活動中にいきなり子どもに「片づけ」を告げて保育者の計画したプログラムに誘導するような行為は、子どもの活動を意欲のない、ノルマをこなすような、おざなりの取り組みにしてしまいます。

子どもが見通しをもって自分のあそびを終わらせ、次の活動に気持ちを向けられるような展開が求められます。そのためには、子どもが主体的にあそびから片づけ、そして保育設定時の活動へといった一連の流れに取り組めるようにすることです。

「次は○○をするので、片づけましょう」「△時（もしくは長い針が□になったら）に集合です」「もう少し経つと○○が始まります」など、言い方はいろいろありますが、次の活動と片づけが連動するような予告をします。

Point

保育者に言われて仕方なく片づけるのでは、片づけは義務になり、次の活動にも意欲がわきません。自分のスケジュールは自分で管理するといった意識がもてるようにすることが重要です。

●見通しをもつ

カレンダーに行事の予定が書き込んであると、見通しがたつので「もういくつ寝ると」と楽しみにします。あるいは「明日は～をしよう」と予告をしておくと、必要な材料を家庭から持参したり、開始を期待する姿が見られます。1日の生活においても同じように、次の活動への見通しをもたせます。

●突然の中断に不満は当然

予告もなしにいきなり「片づけ」が告げられたら「えっ。いやだ」と不満を漏らすのが当然です。もし、素直に今のあそびをやめてしまうようなら、そのあそびが充実していなかったということでしょう。

保育者からの「○○をします」の合図を待っているような子どもがいるとしたら、自分からあそびを始められず、指示待ちの暮らし方が身についてしまっている困った状態といえます。

●自分なりに気持ちの整理をつける

人に命令されたのではなく、自分で自分の生活を決めているという実感が主体的な行動を促します。次の活動予測があると、自分であそびの区切りがつけられるので、片づけにも積極的に取り組みます。

保育のチェック1

保育者が熱心すぎると…

保育者と子どもとの間には絶対的な力量差があります。子どもは自分の気持ちを表明する力を十分にもっていないので、保育者が推し測ってみるほかありません。

保育者が実践に意欲をもつことは大切ですが、去年に比べて見劣りしないように、隣のクラスと差がつかないようになど、保育者のがんばりがかえって子どもを萎縮させていないでしょうか。

Point

今の状態をより良くしたいという保育者の熱意から出発した対応であっても、子どもの立場からチェックする必要があります。子どもが辛い気持ちを抱くようならその言動はハラスメントです。

column

自己規制しすぎてはいませんか

忖度《そんたく》とか斟酌《しんしゃく》という言葉があります。現代なら「空気を読む」でしょうか。しかし、空気ははっきりした形をしていないので、勝手に自分がそう思っているだけ、つまり誤解ということもあります。

たまたま見た保育者の言動をモデルにしていませんか。確かめないまま「こうするのがいい」と推測して行動を決めていませんか。

チェック 1 子どもの目線で保育者を見てみよう

保育者がしゃがんで子どもの背になってみると、保育者の顔がずいぶん上のほうにあることがわかるでしょう。保育者に脅す気持ちがなくても、相対的なからだの大きさや見上げる角度は、子どもに威圧感を与えます。頭上に響く「早くして」は怖さにほかなりません。

チェック 2 基本的人権を侵していませんか？

子どもにがんばらせようと「だったらお弁当なしかも」「置いて行くよ」「ちゃんとできないなら小さい組にする」などと言っていないでしょうか？ 子どもは大人に依存しなくては生きていけませんから、食事や庇護を与えませんという宣告は生存権を脅かすハラスメントです。

チェック 3 自分の考えで行動しましょう

子どもに自分の考えで行動させたり、失敗しても意欲的に取り組ませたいと願うなら、保育者もそうならなくてはいけないでしょう。

自らに「自分の考えで保育をしているか」と問いかけてください。そうすると、保育を目指したときの初心を思い出すでしょう。子どもには悲しい思いはさせない、と考えていたはずです。

熱心なのは
わかるけど
初心を
思い出してね
だれの
ための
保育？
……
そう
でした
つい
夢中で…

保育のチェック2

ごほうびの効果的な与え方

子どもの意欲を引き出すためのごほうびはどんなタイミングで与えると効果的なのか、試した人がいました（ごほうびは色鉛筆です）。

A（予告型）：じょうずな絵を描いたら「ごほうびをあげます」と伝えてから始める。

B（サプライズ型）：絵を描き終わったときに「じょうずだったから」とごほうびを渡す。

C（報酬なし型）：絵を描き終わったら「じょうずだね」と言うだけでごほうびはない。

チェック 子どもへの効果は？

その後1週間の、子どもたちの絵に対する取り組みの変化は次のようになりました。

A⇓絵を描く子が減る。絵を描く枚数が減る

B⇓絵を描く子が増える。絵を描く枚数が増える

C⇓変化なし

Aがマイナスの効果になってしまったのは、それまでは主体的に絵を描いていたのに、「ごほうび」なしには描きたくなくなってしまったから、と考えられます。

第4章

ほんとうの知性を育てる

知識の基礎は「○は〜である」と、ものとものの関係性を理解することです。そのためには、まず自分なりの考えをもつことです。自分なりということは、他の人とは違っていたり、間違っていたりする場合もあるということです。

そうした考えはやがて困った事態を招くことになりますが、経験を重ねる中から理解の範囲を広げます。あるいは間違いを修正したり、新しい枠組みで考え直したりして、内容をだんだんよいものにしていきます。ほんとうの知性は、そうした過程を根気よく重ねることを通して得られます。それには何よりも、子どもが考えることが楽しいと感じる生活を保障することです。

さらには、保育者も自分の保育実践を考え直す機会を設けたり、合理的な環境を工夫したり、保育実践を通して考える楽しさを味わうことです。

関係づける

子どもの姿 ❶

思考の流れに沿って予測する

色の本を見ています。A児が「オレンジない?」と尋ねるとB児が「あるよ、これ」と指さしてから「レモン」と読みます。「あ、違った。オレンジじゃなくてレモンだ。オレンジはこっちだ」と別のページを開き、「クリーム。また間違えた。でも、これクリームじゃないのにね」と、A児に同意を求めます。

「アイスクリームってそういう色だよ。だからいいんだよ」とA児が答えると、「あ、そうか。コーヒーとかに入れるのかと間違えちゃった」と笑います。

B児はさらに次のページを開けて「かき。おかきだ。おいしそう」「えんじ。おうど。これは食べたことないやつだ」とつぶやきます。

知識の基礎は「対連合」の量と質を獲得することです。対連合とは、「き」という文字を「ki」と読み、その音から黄や木を連想するといったように、ものとものとの関係を理解することです。子どもが生活の中で多様な関係性を理解できるように方向づけます。

Point

色の名称に興味をもっています。オレンジから始まってレモン、クリームと食べものの名前が続くと、柿渋に似た赤茶色の「かきいろ」を菓子のかきもちと解釈してしまい、それから先の色名も食べものに由来していると考えてしまいます。

●関係性を読み解く

色の名称すべてを食べものと関連づけてしまうと、誤りの程度がどんどん深くなっているようにみえますが、思考の流れを追ってみると、筋が通っています。前と関連づけて次の方向性を予測する能力は大切です。

「文脈を理解する」という言葉がありますが、前後の文の続き具合から文の意図を推測し、判断することをいいます。日本語は同音異義語がたくさんあるので、こうした能力がないと意味がわかりません。例えば、「花壇にきれいなハナがさいている」のハナは花であって鼻ではありません。ものごとを関連づけて考える能力をもっていて初めてわかるのです。

●保育の流れに求められる必然性

保育者は、子どもの思考が連続性をもつように、先週の実態から今週のねらいを導き、昨日のあそびの状態から今日の環境の構成を考えます。今日はこれ、明日はこれといったコマ切れの活動展開や脈略のない導入（本書P144参照）や活動は問題があります。

子どもの姿 2
因果関係がわからない

水道の前でA児とB児が言い争っています。

A児「石鹸つけて洗わないとだめだよ」

B児「いいの。石鹸なしで。手汚くないもの。砂場してないし」

A児「え、だめだよ。風邪が流行ってるからうがいと手洗いを忘れないようにって、先生が言ってたじゃん」

B児「だからもう、うがいしたよ」

A児「うがいだけじゃだめなんだよ。手、石鹸で洗わないと風邪ひくんだよ」

B児「なんで手が風邪ひくんだよ。喉とかは咳出るからさ、うがいするけど、手は関係ないもん」

A児「でもさ、手、石鹸で洗わないと風邪うつるんだよ」

B児「うつらないよ。手はいいんだよ」

Point

A児は保育者の指示を守ってうがいと石鹸による手洗いをしますが、B児は石鹸を使用しません。「喉と咳とうがい」は関連づけられても、「手と風邪」の関係性がわからないためです。必然性が理解できないと主体的な行動は生まれません。

●難しい関係性

大人でもウイルスについて本当に理解するのは難しいことです。ウイルスがからだにおよぼす影響についてくわしく説明するよりも、子どもに伝える際には、「風邪の予防には石鹸による手洗いが効果的だそうです」とあくまでも伝聞にとどめるのが本当でしょう。しかし保育者の役割の一つは、病気予防の習慣を子どもに教えることですから、B児にも指導が必要です。

●保育者はモデルを示す

石鹸の手洗いのように、子どもに行動を方向づけるとき、「○○してください」と頼むような口調は不自然です。「〜しましょう」がいいでしょう。そしてそのことばに嘘がないように、保育者が率先して実行する姿を子どもに見せます。

●怖さよりも希望を育てる

病気の怖さや深刻な症状を想像させて、予防の行動をうながすようなことは避けます。反対に、からだがもっている免疫力や抗体などの「生きる力」と、それを助ける予防の関係を子どもが希望的にとらえられるように教えたいと思います。病気に挑む研究者や医者について話をするなど、社会に対する信頼を培うことも重要です。

子どもの姿 3

捕った場所を再現して飼育する

A児はアリジゴクを飼う準備をしています。巣ごと掘り出してきたアリジゴクを菓子の缶に入れますが、砂の量が少なく底に薄く広がっただけです。「砂が足りないや」とつぶやくと、砂場の砂を持ってきて足し、砂の上に短い枝と小石を置きました。

「後は、缶だな」とつぶやくと、保育者に「ジュースの缶ある？」と要求します。何に使うのかたずねると、「巣のそばにジュースの缶あったから、置いてあげるの」「アリはもう捕ってあるから、後はジュースの缶だけないの」と言いました。

Point

「捕ってきたところと同じ」状態にしようというのが子どもの意図です。捕った状況を思い出し、砂、枝、石、そしてジュースの缶と、その場で目についた物だけを用意しています。砂の質などには注意を払わない一方で、ジュースの缶にはこだわっています。

●いのちが自分の掌中にある自覚

生きものの飼育に関しては、「元の生育環境を維持できるなら、子どもの責任で飼育してよい」ことにします。すると世話ができないので「元のところに返す」例が後を絶ちません。最後まで面倒をみることも大事ですが、自分の力の限界を知ることも大切です。自分の無力さを恥じるのではなく、生きものをとりまく自然を讃えたり、畏敬の念を子どもなりに感じさせたいと思います。

●的外れでも良い

アリジゴクの飼育に空き缶は不要ですが、こうした理解は無意味かというと、そうともいいきれません。アリジゴクは、空き缶が捨てられるような人目につかない場所に生息していることを示唆していますから、将来系統的に学ぶときには重要な体験となります。

●正解を先に与えない

事例のように、その場で目につくものは準備できても、目に見えない温度や湿度、生きものが集団で生活するなどの条件を読み取ることはできません。餌でさえ、誤る場合も少なくありません。だからといって体験の前に絵本や図鑑など間接的な知識を与えることは慎重にしましょう（本書P30参照）。

すぐに正解を得るのではなく、試行錯誤したり、無駄なことに精力を注いだりする体験を幼児期には積み重ねておき、将来の「ああ、そうだったのか」と納得する日を待ちたいと思います。

保育の提案❶

環境は関連づけて配置する

A児が、海賊船の「どくろマーク」が載っている本を探しています。題名がわからないので表紙の絵を思い出しながら探し、本棚の端から順に1冊ずつ抜いていきます。

「Aちゃん、こんなところにないと思うよ」とB児。「ここって、ひまわりでしょ。かたつむりでしょ。めだかでしょ。みんなそういう本ばっかりだから、ないよ」

A児は「だって（表紙を）見ないとわかんないもの」とさらに引き出して探します。B児は「そうだけど、ここらへんじゃなくて、あっち見たほうがいいんじゃない。お話の仲間のところ」と別の一角を指します。

Point

本がジャンル別に配置されていることを理解しているB児は、効率的に探す方法を提案します。最終的にはA児のように1冊のもれもなく点検することになるかもしれませんが、まずは探す範囲を絞り込むほうが有効です。

column

見た目が美しい環境の構成

家具や備品は奥行きに差があっても、「前面が平ら」になるように揃えます。机の上の書類等は積み重ねず、高さの順に「立てて」置くと机が広く使えて、また探すのにも便利です。文具等は机のへりの線と平行に置くようにすると整った印象になります。

保育室の環境にルールと秩序があれば、子どもは整った状態が快適で便利だと、自然に理解します。

●環境のもつルールを知る

環境は一定のルールに従って構成されていると、便利であり快適な生活になります。そのルールは利用する人にとって一般的であることが求められます。

初めてのスーパーに行っても、その商品はこのあたりにあるはずと当てがつくのは、商品のカテゴリー分けと配置、客の動線に沿った棚のレイアウトなどに一般的ルールが適用されているからです。

●絵本の分類は子どもの使い勝手を優先する

絵本のサイズは多様なのでジャンル別に配置すると前も上も凹凸になって見た目が悪くなります。しかし、作者別や出版社別では子どもには探せません。事例のようにジャンル別が適しています。

B児は自然や生物という言葉では表現できませんが「みんなそういう本」「お話の仲間」と集合概念をもっています。分類や集合は、知的教育の基礎になる重要な能力です（「かず」P16参照）。

保育の提案❷

保育者も真剣にあそびに取り組む

容器に水を入れて氷をつくります。期待通りに自分の氷が得られなかった子は、氷が張った子をまねしようとします。

「青いバケツが凍る。青は水の色だから」「お菓子の缶は固い氷ができるよ。クッキーは冷蔵庫に入れるから」「アイスクリームはダメだよ。もう中が溶けちゃってるから」と、容器に注目して、思い思いの理由を話します。

保育者は青いバケツ、クッキー缶、アイスクリームのカップを2個ずつ用意して、建物の北と南に分けて置きました。

Point

保育者は、気温と場所の関係に気づくことを期待して、北側と南側に容器を置きました。しかし子どもの関心は容器にしか向いていないので、ねらい通りに気づくことができるか、期待はできません。ただ、保育者も熱心に取り組んでいるので、「氷づくり」が流行することは確かでしょう。

●体験を通して構成される知識

子どものものの考え方は、事実に対する「あとづけ」の場合が少なくありません。事例の「青は水の色だから凍りやすい」なども、青い容器の水が凍ったという事実を自分なりに納得するための発言であって、本当にそう考えているかどうかはわかりません。

子どもが「赤でも凍る」「かね（金属）のほうが凍る」など新たな事実を入手して、それまでの考えを〝構成し直す〟のを待ちます。

●借り物の考えは力が弱い

大人が直接誤りを指摘したり、正しい概念を教えることで、考えが一時的に変わることもあります。けれども、人から一方的に与えられた情報は、ほんとうの知識として蓄えられる前に忘れてしまうことのほうが多いでしょう。子どもが自分なりに構成した自分の考えのほうが強力です。

仮に保育者の思惑通り、北側の容器が凍ったとしても、子どもは「いいな」とうらやましがるだけでしょう。でも、それで十分なのです。

●保育者の遊ぶ姿の効果

あそびは本気で取り組むことに価値があります。本気で取り組む中から得た学びは強力です。保育者も真剣に氷づくりに励みます。保育者が本気で遊ぶ姿は、「あそびの魅力と考える面白さ」を周囲に伝えるでしょう。環境の構成とはそうした雰囲気も含むのです。

保育のチェック1

必然性のある導入を

保育者が「昨日まで雨がずっと降っていて外で遊べなかったね。でも今日はこんなにいい天気になったよ。何して遊ぼうか」と子どもに投げかけます。

「ブロック！」「合体メカの続きやろう、やろう」と昨日までブロックを続けていたメンバーがにぎやかに発言します。保育者は「ブロックは雨の日だってできるじゃない。今日はいい天気よ。外でいっぱい遊べるよ」と応じます。

「ちぇっ。メカやろうと思ったのに。じゃ、中当て」と子ども。「中当ても楽しいね。他には?」と保育者は話し続けます。

Point

まじめに保育者の話を聞いている子どもは、保育者が「昨日の雨」を導入にしたので、昨日のあそびの続きをイメージしています。ところが保育者は最初から「今日は外で遊ぶ」という心積もりです。さらに、中当て以外の活動を計画しているようです。

チェック

①誤解されやすい「誘導」は避ける

直接指示するのではなく「雰囲気をもりあげていく」ことは環境の構成として大切です。しかし、ストレートに言わずに、暗にほのめかすことは、環境の構成や援助ではありません。事例のように子どもに「何して遊ぼうか」と意見を求めながら、自分の計画のほうに引っ張っていくのでは、子どもの気持ちをもてあそぶことになります。

チェック

②子どもに何を考えさせたいのかを明確にする

真剣に考える子どもは、保育者が昨日の雨を話題にすれば雨の情景を思い浮かべ、今日の天気に話題が移れば、改めて晴れを確かめようとします。けれども、保育者の話題が次々に移るので、1つずつていねいに考えていると置いてきぼりになってしまいます。

しかも「何して遊ぼうか」の問いが、外あそびに限定されていることを理解しないと、考えても無駄になってしまいます。

チェック

③主体的な取り組みを促す動機づけ

保育者の隠れた意図を察して期待通りの発言をする子もいますが、自分の考えを屈託なく言える子どもを育てたいものです。

婉曲な誘導ではなく、外あそびを「やりたい！」と思わず声が上がるような環境の構成を練りましょう。仕方なくするあそびは、あそびとはいえません。

保育のチェック2

公共ルールの体験

「黄色い線の上を歩いていこう」と点字ブロックを踏み外さないように歩くことになりました。そのうち「でこぼこで歩きにくい」「じゃま」「ないほうがいいのに」などの発言が増えていきます。

交差点で点字ブロックの「模様が違う」ことに気づくと、「ここも違う」「また違う模様になった」と変化を見つけていきます。

やがて、「丸いのは曲がり角のところにある」ことがわかります。「ここで注意しなさい」「車が来るから危ないよ」と、歩く人に「知らせてくれている」「親切な印」だとわかります。

Point

自分たちが必要としていない点字ブロックを「じゃま」と受けとるのも素直な実感でしょう。けれども模様の法則性がわかってくると、自分たちにとって「親切な印」だと考えが修正されます。こうした解釈の広がりは、この表示を必要としている人の存在に気づくきっかけになると思われます。

チェック1 自己中心的な感じ方や考えから始まる

子どもにとって社会は、点字ブロックのような存在理由がわからないものに満ちています。図書館で静かにしていなければいけないのはきゅうくつでしょうし、駅構内を駆けてはいけないのも面白くありません。公共のルールもいずれ教えなくてはなりませんが、まずは、こうした子ども自身の実感を認めることが大切でしょう。衝突して初めて、自分とは違う見方があることに気づくからです。

チェック2 園環境では学べない現実社会

園はすべてが子ども中心になっていて、大きな声を出すことも走り回ることも存分にできる特殊な環境です。同じような年齢層の集団では異議申し立てをする人もいません。

自分たちの行動が立場の違う人にどんな影響を及ぼすかということを、園環境では学べないと、保育者は知っておくべきでしょう。

チェック3 異なる立場の人とのかかわり

点字ブロックのように自分にとっては利点のないものでも、それを必要とする人がいるといった理解は、想像だけではできません。一方、そうした出会いを体験していると、無理なく相手の立場にたった行動がとれるようになります。立場の違う人との実際のかかわりは、多面的な見方を広げるうえで有効です。

論理性を育む

子どもの考えはつじつまが合わないように思われがちですが、そうではありません。使える言葉が少なかったり、感情が優先して落ち着いて説明できないだけで、自分なりに考えています。保育者は子どもが論理的に考えられるように援助します。

子どもの姿❶

燃やしてはいけないごみ

ごみ箱が2つあります。それぞれ「もえるごみ」「もえないごみ」のラベルが貼ってあります。A児は乳酸菌飲料の容器を手に「これはどっちだ」とごみ箱を見比べ、B児に「これ燃える？燃えない？」と聞きます。B児は「それ燃やしちゃだめなんだよ」と答えます。

A児は「そうじゃなくて、燃えるのかって聞いてるの」とごみ箱をB児の前に押し出します。B児はラベルの文字を読み上げると、「それ燃やしちゃだめなのに。知らないっ」と立ち去ります。

Point

B児の「燃やしちゃだめ」の発言には、日頃注意深く分類していることがうかがえます。その知識を生かせない環境が惜しまれます。主体的な行動がとれるように修正する必要があります。

●中身を伝える表示にする

表示は中身と一致していません。「もえないごみ」は不燃というよりは、可燃ごみではないものすべてです。つまり判断基準は、燃えるかどうかの1つだけです。そうであれば、表示は「もえるごみ」だけにして、むしろもう1つは表示がないほうが混乱しません。

●ラベルはわかりやすくする手がかり

「もえるごみ」が紙類だけなら「かみ」と表示したほうがわかりやすくなります。布やリボンも含まれるなら、文字よりも実物を貼るとはっきりします。

B児の「燃やしちゃだめ」は有害の意味か、資源扱いなのかは不明ですが、いずれにしろ「もえないごみ」ではないので不適切なことは確かです。ごみ箱のラベルを直す必要があります。

●家庭との連続性をもたせる

園の場合は事業所ごみとして扱われるので、家庭とは異なる分類の場合が予想されます。しかし、子どもの経験が生かせるよう、保育においても地域のルールに従うことが大切です。最近は、駅のごみ箱などでも「燃やせるごみ」「燃やせないごみ」などと表記されています。

子どもの姿 2

おかしな事態を突き止める

A児が床に落ちている緑のペンのキャップを高く掲げて「誰かの誰かの落とし物」と声を上げます。B児は緑のペンの束を取り出し、「あれ、青になってる」と間違って青いキャップがはめてあったペンを見つけ、緑のキャップに差し替えます。

「だったら青が間違ってるんだ」と今度は青のペンを調べます。

ところが青のペンの束に間違いはありませんでした。

「だめだ。他の色も全部調べなくちゃ。ふた、余るはずないんだから。書けなくなっちゃう」とペンを全部引っくり返します。

Point

B児はまず、緑のペンの束があやしいと考え、調べます。さらに納得がいかない状況が続くと「キャップだけが落ちているのは、キャップのはまっていないペンが放置されているからだ」と推理し、「書けなくなっちゃう」と事態の深刻さに気づき、一気に解決の行動をとります。

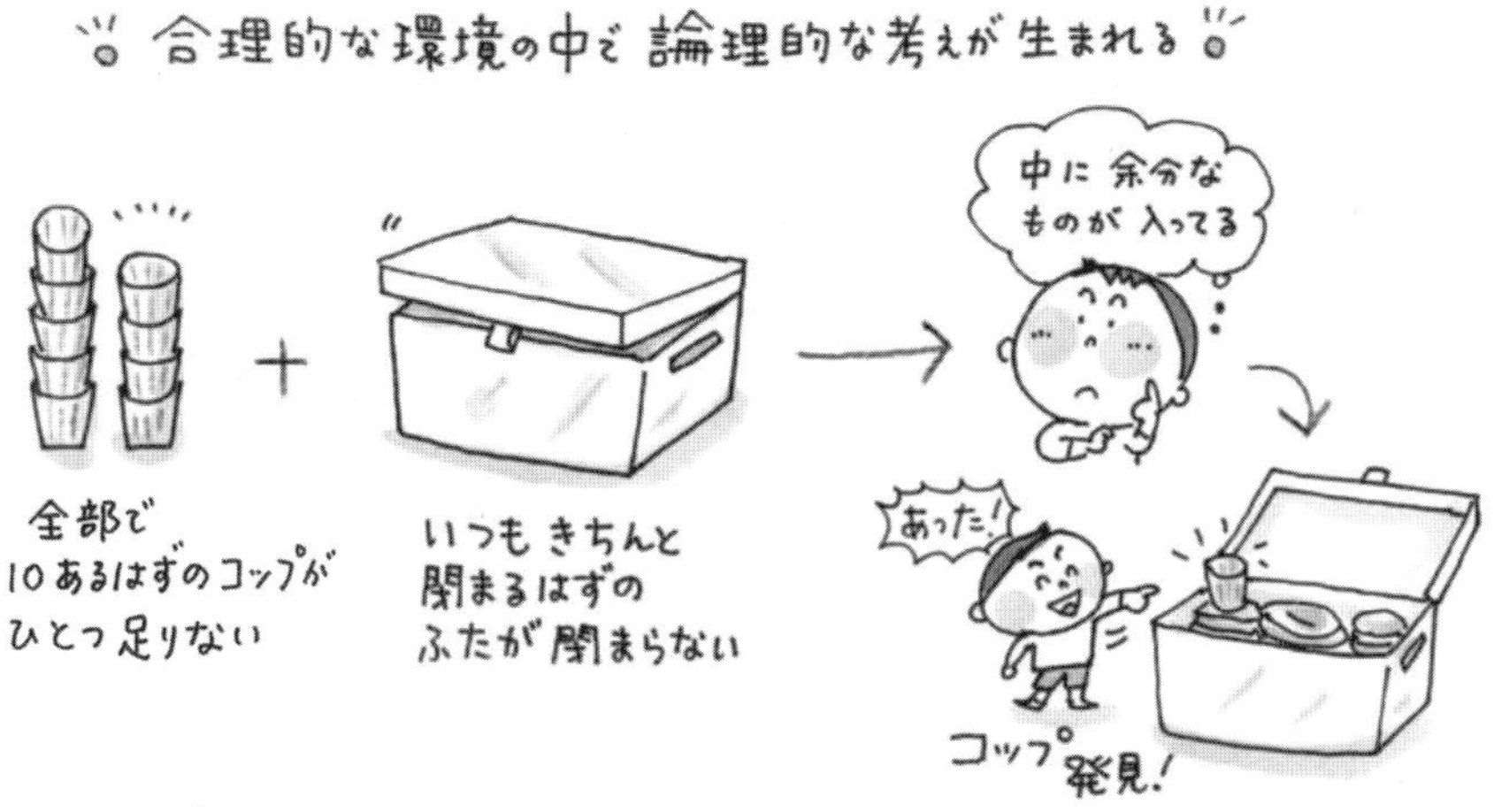

●行動からメッセージを読み取る

A児は「キャップが落ちていたよ」と直接言わずに、絵を描いている友だちの近くで、ゲームのような口調で知らせようとしています。自分が優位になっているときは、こうしたユーモラスな表現のほうが効果的ということを学んでいるのでしょう。

B児はA児の言動から、すぐに意味を読み取り、返事をします。

●条件に沿って考える

B児のとった行動は、筋が通っています。A児が緑のキャップを見せた時点で「緑のペンのキャップが外れている」ことを理解すると「そうだとすれば〜に違いない」と仮説をもって調べます。思いつきではなく、論理的に条件に沿って考えを進めています。

●保存の概念

キャップが落ちているのはおかしい。「余るはずがない」ということこれまでの経験が、主体的な行動を生み出しています。

このように、環境は子どもが確信をもてるように、常に同じように、かつ合理的に構成されていることが必要です。総数が5や10などに揃えてある、順番になっているなど、法則性をもっていることが重要です（「かず」P38、P152、P166参照）。

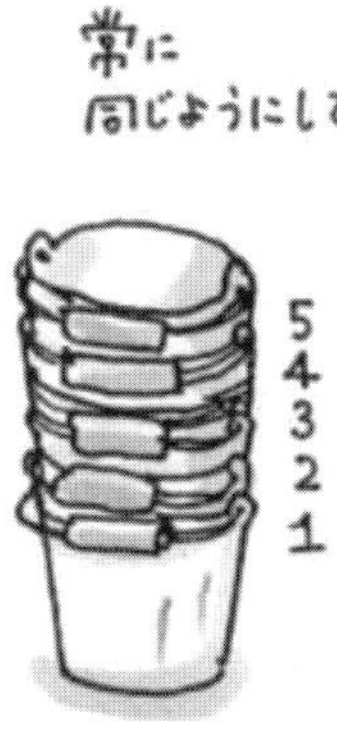

子どもの姿 3

目のふたなのに「まぶた」はおかしい

A児とB児はからだの部位の名称に関心をもっていて、からだのあちこちを指さしながら知っている名前をあげていきます。A児が目を指さしながら「目がしら、目じり」に続けて「めぶた」と言うと、B児がすかさず「まぶただよ。めぶたじゃないよ」と訂正します。

A児は「目のふただから『めぶた』のほうがいいのに。まぶたのほうがおかしいよ。メなのにマだもん。「変なの」と強く言います。「変だけど、まぶたっていう決まりだから仕方ないよ」とB児は言います。

Point

何の疑問ももたずにまるごと暗記して言葉を覚えていく段階から、言葉は意味をもっていることがわかり、意味を理解して語彙を増やす段階に進んでいます。言葉を通して思考を深めている姿です。

●論理を求める姿

子どもは説明がつかないと、「パパがそう言った」「本に書いてあった」と自分より上位の人の力を借りて根拠づけます。しかしA児は、自分なりの理由をあげて説明をしています。それを聞いてB児も、疑問に共感しますが、「きまりだから」と言葉の普遍性を根拠にして、納得できないことも「仕方がない」と受け止めています。

●意味を理解して覚える

寿司屋さんの湯飲みで「魚偏の字を覚えた」という人もいるのではないでしょうか。このとき実際の魚を知っていて、魚の特徴と文字とを関連させることができると「ああ、そういう意味か」と覚えやすくなります。実物を知らないとなかなか覚えられません。

子どもも、手あたりしだい聞いたことばを丸暗記してしまう年齢から、論理的に考えて自分なりに納得して覚えるようになっていきます。

●「ま」は目の昔の呼び名

子どもが自分で考えることを保障する生活環境を心がけます。保育者も「そういえば、どうしてだろう」と疑問をもったり、「そうかもしれない」と推測したり、子どもと一緒に考えます。そのようにして調べていくと「目」は昔「ま」と呼んでいたことがわかります。

保育者の知識は少ないより多いほうがいいでしょう。けれども、子どもに教えることは、知識だけではありません。考える楽しさ、知識を得る楽しさを保育者の姿を通して伝えたいと思います。

保育の提案1

けんかの原因を想像する機会を設ける

A児は靴を履きかえようと、種の入ったカップを床に置きます。虫捕り網を持ったB児が通りかかり、網の柄の先がカップに当たって、中の種が散らばってしまいました。

A児は「もうっ」と走って行くとB児の背中を勢いよく突きます。B児は前のめりに転び、ひざをすりむきます。近くにいた子が「Aが突き飛ばした」。A児に一斉に抗議します。「謝れよ」A児は口を結んだまま表情を硬くして立っています。

Point

B児は、A児の加害者であることを知りません。周囲にいた子に見えているのも、A児に背中を突き飛ばされた被害者としてのB児の姿です。見えない原因やきっかけを考える機会が必要です。

●結果だけを問題にしがち

子どものけんかは、泣かせたほうが悪いとなりがちです。しかもけがまで負わせると、さらに罪が重くなります。事例でもB児がひざをすりむいたので、A児は非難の目にさらされます。子どもたちの関心は、けがをした理由に集中します。叩いたから、噛んだから、蹴ったからなど加害者の行為が話題になります。けれども「どうしてそうなったのか」と行為の背景までは考えが及びません。事例の場合も、A児が「突き飛ばした」からB児が「けがをした」という図式でのみ話が進みます。

●原因ときっかけを考える

「どうして」が話題になる場合も、原因を明らかにするというよりは、最初から糾弾のニュアンスを含んでいることのほうが多いでしょう。そのため、保育者はもうひとつ次元をさかのぼって「どうして突き飛ばしたのだろうか」と、そもそものけんかのきっかけに注意を向けさせる必要があります。

●客観的に考えるために

過ぎてしまった過去の行動を考えることは難しいので、A児とB児の関係を視覚的にとらえて考えられるようにします。

保育者が「仲直り」させることばかりにこだわると、考える経験が積めません。視覚の助けと視点の絞り込みをすると、子どもは的確な判断をする力をもっています。

保育の提案2

多数決で決めないで

年少児の組を招く日の出し物について話し合っています。「お化け屋敷がいい」「輪投げとかのゲームがいい」「店屋がいい」と互いに主張して譲りません。

　しばらくして保育者が「これじゃあ決まらないね。どれがいいか1つだけ選んで、3つの中で一番人数が多かったものに決めるというのはどう?」と提案します。みんなが賛成します。

　お化け屋敷が最も多数です。しかし、ゲームや店屋を主張した子は、「絶対に嫌だ」「やらない」「小さい子は喜ばないに決まってる」と部屋の隅に行って動こうとしません。

Point

ゲームや店を提案した子にしてみれば、せっかく考えたのに、その考えを忘れて他の考えに乗り換えるというのは無理があります。論理的にも納得がいかないのは当然です。

●話し合うより、活動したい

多数決は民主主義の原理の一つです。しかし、多数決で決めることに賛成したのは、話し合いを終了したい気持ちがあったからでしょう。つまり、長々と話していないで、早く実際の活動に入りたいという心境だったのだと思われます。

●一人ひとりが真剣に取り組むことが大切

「クラスがまとまっている」というのは、保育者の言う通りにクラス全員が一斉一律の活動をすることではありません。子どもがそれぞれ主体的にあそびに向かっている状態です。この事例でも、目的は年少児を温かく迎えることですから、どれかひとつのあそびに絞る必要はなかったのです。

column

1人もみんなも大切にする

集団が苦手な子がいました。紙芝居を始めようとしても1人だけ外にいます。「ちょっと待ってて、Aちゃんを呼んでくるから」と私が言うと、子どもたちに制止されてしまいました。「僕たちが外に行くよ。僕たちは紙芝居が好きで、Aちゃんは外が好きなんだから」。

私はこの日、園庭で紙芝居をしました。そのときまで私の頭の中には、1人は大勢に合わせるという考えはありましたが、大勢が1人に合わせるという考えはなかったのです。

保育のチェック1

活動を円滑に進めるには…

一日の生活には「片づけ・弁当・集まり」など欠かすことができない節目となる活動があります。こうした活動はできるだけ円滑に進めることが大切です。時間がかかりすぎると、ほんとうにしたい活動に時間が割けません。

例えば「集まり」という活動には、トイレ→うがい→椅子の用意→着席といった、複数の作業が含まれています。

Point

こうした一連の作業を伴う活動を「スクリプト」といいます。劇の台本という意味です。台本に「起床」と書いてあると、洗顔やトイレや着替えなどの流れに沿った演技をするでしょう。同様に保育の場面では、子どもが保育者の指示を一連の作業として理解し、スムーズにやり遂げられるようにします。

チェック1 身についていない段階はないか

行動や作業のゆっくりな子に「急いで」といっても解決しません。保育者は、どの段階でつまずいているのか調べます。例えば「帰り支度が遅い」とまとまりで見るのではなく、着替えの技術は身についているか？　取り組みに集中しているか？　など、一つずつの作業を観察します。

特に他の人の作業が始まるのを見てから取り掛かる子には、保育者が付き添って、作業が連続してできるようにうながします。

チェック2 合理的な順序になっているか

手を洗ってから汚れた服を着替えたのでは、また手を洗わなければなりません。持ち帰るものをあちらで1つ、こちらで1つとかばんに入れていたのでは、時間がかかってしまいます。どういう順番で行うとスムーズな流れになるかチェックします。

また、大勢が一度に作業をするだけの空間があるか、子どもの移動の「動線」が交差しているところはないかを見直します。

チェック3 作業がコマギレになっていないか

保育者の指示が作業ごとになっていて、「次は○しましょう」「その次は△」では、子どもが主体的に行動できないばかりか、待ち時間が多くなってしまいます。初めのうちは、トイレだけ、着替えだけと1つの作業ごとに時間をかけて着実に身につけさせます。やがて、「トイレが済んだら着替えます」と異なる作業をつなげます。そうした過程を経て、スクリプトとして「帰る支度をしましょう」と言うだけで取り組めるようにします。

保育のチェック 2

調教的保育は考える力を奪う

片づけや集合をことばで指示するのではなく、ピアノで一斉に合図をしたり、静かにする状況で「眠れ眠れ」の音楽を聞かせて眠るまねをさせるなどの保育展開は、子どもの考える力を奪います。

特に、音楽が次の活動を予測する合図ではなく、「まったなし」の行動を求めるのは、フラミンゴにダンスを調教するのと同じ方法であって、ほんとうの知的教育とはかけ離れています。

Point

子どもに状況や必要性を理解する機会を与えず、保育者が求める行動に従属させるのは暴力といえるでしょう。子どもは意味を理解できない動物とは違います。理由を説明したり、状況をとらえられるようにすれば、主体的に行動する知性をもっています。

チェック1 指示に「すぐ従う」ことを求めすぎていないか？

何かをしているときに、いきなり別のことを指示されたら「ちょっと待って」「どうして」と言いたくなります。しかし、そうしたことが許されず、すぐに従うほかない状態がくり返されると、子どもは発言はもとより、考えること自体もやめてしまいます。

主体的に考えて自分から行動している子どもほど、「すぐ」にはできません。できるのは受け身で他律的な生活を送っている子です。

チェック2 歌で静かな状況をつくろうとしていないか？

「静かに！」と声をからしても聞こえないときに、音の響くピアノに合わせて歌をうたうと結果として静かになります。しかし、騒音を大音量の歌で封じ込める方法では本質的な改善になりません。

静かになった状態に気づかせ、心地良さと必要性を感じ取らせます。こうした経験が重なると、保育者が子どもの前に立っただけで静かに話を聞く態勢になります。もちろん保育者の話が楽しく、子どもに有益であることが前提になります。

チェック3 園でしか通用しない方法になっていないか？

保育で学ぶ習慣は、学校生活においても通用するものにします。小学校では授業の開始に先立って手あそびをしたり、歌をうたったりしません。活動の終了も自分で区切りをつけます。外から聞こえる「始まるよ」や「片づけ」や「眠れ」の合図に従うわけではありません。

就学前の時期から、主体的に行動をコントロールする習慣を身につけておく必要があります。保育でも一般的なルールを採用しましょう。

考える楽しさ

子どもはじっとしているのが苦手です。からだのどこかを動かしています。頭の中も同じです。何か面白いことはないかと周りを見回しています。それが健康な子どもです。指示を待っているような受け身の子どもでは困ります。保育者は、子どもが考える楽しさを感じる環境を用意します。

子どもの姿❶ 「挙手して発言」は難しい

小学校の授業形態に慣れるようにと考え、クラス全員のあつまりで発言するときは、挙手をして指名された子だけが発言するようにしています。しかし、指名されてから立ち上がり、椅子をしまって発表するまでに手間取るために、話す内容を忘れてしまう子もいます。何よりも他の子が飽きてしまうようです。

Point

子どもの場合は「外言」といって、自分の考えたことや感じたことをそのまま声に出します。声にしないで頭の中だけで「内言」として考えることは苦手です。子どもが自分の考えを思いついたときにすぐに発言できるような保育形態に変えたほうがいいでしょう。

●誰もが自由に発言する

子どもの場合は、大勢の人に向けられた話でも、自分への問いかけと思って質問に答えたり、自分なりの意見を言ったり、能動的に聞くことが大切です。事例のように、だれかが発言をするまでおとなしく待つのではなく、それぞれが自分の考えを自由に口にする「バズ」（ミツバチの羽音がブーンというような状態）のほうが適しています。

●ひとの話をしっかり聞けるように

自分の考えを発言することと同じくらい、他の人の発言を聞きとることも大切です。しかし、子どもが話し手のときは、話す力が未熟なため、聞きとれないことが多々あります。代わりに、保育者の話をしっかり聞きとらせます。保育者は子ども一人ひとりが真剣に聞いているかどうかを確認しながら話を進めます。

●聞きたい気持ちで待つ

「ショウ　アンド　テル」（「ことば」P15参照）のように、ものを見せながら話す場合には、無理なく聞くことができます。就学前には、発表のマナーよりも、考えをすぐに言葉にする力を育てておくほうが大切です。

子どもの姿 2

発言の意図をくみとる

A児「ちゃんとあったのにさ、割引券」
B児「えっ?」
A児「割引券。わ・り・び・き・け・ん」
B児「割引券か」
A児「そうだよ。割引券持ってったのにさ」
B児「なんで?」
A児「ちゃんと割引券あったのに買えなかったんだよ」
B児「そうじゃあなくて、なんでそうなったかってこと」
A児「人が大勢来すぎたからだろうって。パパが」

Point

会話は単にことばのやりとりではありません。ことばの中に含まれる相手の心情や考えを読み解きながら、それに応えていく関係性が重要です。相手の疑問には素早く補足をするなど、常によい関係になるように気を配ります。

●会話は共同作業

事例のような進行は、A児がひたすら話してB児は聞き役のように思えますが、ていねいに見てみると、A児の話はB児によって引き出されていることがわかります。

B児が「えっ？」というと聞きとれなかったことを理解して、一音ずつ区切って明瞭に聞きとれるように言い直します。こうした相手からの「抵抗」は、「わかってもらいたい」という気持ちを生み出し、新たな発言を導きだすきっかけになっています。

●発言の背景を読み取る

A児は、B児の「なんで？」に対して同じような説明をくり返します。するとB児は質問の仕方を変えます。そうすることで、ようやくA児も質問の意味を了解します。

相手の発言を否定したり、質問に質問を重ねたり、仲の良い友だちだからこその会話です。

●抵抗があるから理解が進む

人との関係は、こうしたやりとりの会話から深まります。ひっかかったり、おかしいと思ったりしながら、ようやく合意に至る場合も少なくありません。人間関係を豊かにすることは、自分の考えをぶつけ合うことと密接につながっています。

子どもの姿 3

小さい子を迎えるために

明日は未就園児が来るので、保育室でその準備をしています。

ステップ①大事なものを壊すかもしれないから、触れないように積み木や椅子で「バリア」をつくる。

ステップ②「バリア」に登る子がいるかもしれない。落ちてもけがをしないようにマットで囲む。

ステップ③部屋に何もないと、かえってあちこち探し回るかもしれない。

ステップ④目につくところに、「目くらまし」に遊ぶものを置いておけば、それで遊ぶに違いない。

結論：大事なものはロッカーに隠す。近づけないよう壁をつくりマットで覆う。小さい子が遊びたくなるおもちゃを入口近くに置き、それで遊べるようにする。

Point

最初は大事なものを隠すという直接的な方法を考えますが、幼い子の行動を予測して対応策を修正していきます。最後には、魅力的な玩具で惹きつけるという心理作戦を思いつきます。

●実際の行動から想像を広げる

自分たちは年長者であるという自覚とゆとりが感じられます。提示されたアイデアを「小さい子ならどうするだろう」という視点から点検していきます。現場で実際に行動してみることで、問題とその解決策がはっきりしてきます。

●あそびの経験から考える

「バリア」や「目くらまし」の言葉は、戦いごっこや忍者ごっこなどの日頃のあそびからの転用です。「目くらまし」は「おとり」と替えたほうがよさそうですが、ものを見えにくくする術という意味では言い得て妙です。あそびを通して意味を熟知しているこれらの言葉は、複数のメンバーに一気に了解されるので非常に有効です。

●課題の適性

事例では終始自分たちの生活を守る方法を考えています。だからといって未就園児が来ることを嫌がっているわけではありません。むしろ未就園児のありのままの姿を容認した上での、真剣な解決策といえるでしょう。年少児へのプレゼントづくりなどに比べて思いやりに欠ける行為だと、早とちりの判断はしないことです。

保育の提案❶

もしも～だったら

子どもたちの、多面的な見方や自由な発想を育みましょう。

ファンタジーの主人公になって想像世界を広げます。『アリス』や『ガリバー』のように巨人の国や小人の国に行ったら、どんな「いたずら」ができるでしょうか？　『アラジンのランプ』や『3枚のお札』を手に入れたら、どんな「まほう」に使うかな？

Point

まったくのゼロから想像を広げるのは難しいので、昔話などを基本にします。深刻な情景よりも、「いたずら」や「まほう」として陽気な雰囲気をつくりましょう。荒唐無稽な世界、超能力や異界の生き物など、子どもたちはどんどん自由に発想して、楽しい活動になります。

●疑似体験と一緒に楽しむ

ことばだけの誘導にならないように、実際に床に這って周りを見たり、ジャングルジムの上から鳥瞰的に眺めたりしながら、目の位置による変化を実感します。

展開を急がず、発表したいという子から順に紹介するといいでしょう。話すことが不得手な子には、保育者があらかじめ個別に聞いておき、援助できる態勢を整えてから機会をつくります。

●条件があると考えやすい

想像するときは、何か条件があったほうが考えやすいものです。例えば「願い事の呪文は7文字以下にする」とか、「魔法は3回しか使えない」など制限を設けます。新しいアイデアを考えついたら前言を変えてもよいといったように、考えること自体を目的にします。

●もしも『〇〇』がなかったら?

ファンタジーの世界を楽しめるようになったら、実感しにくい自然と自分との関係を考える機会をもちます。もしも「光がなくなったら」「もしも水がなかったら」といった大きなテーマや、花や蝶など、身近な生き物にも関心を向けます。

「なかったら」や「なくなったら」は、あることへの喜びや恩恵に気づかせるためで、不安や恐怖心をあおるためではありません。自分たちが生きていくうえでたくさんのものとかかわっていることや、支えられている喜びに気づく機会とします。

保育の提案 2

翌日の持ちものを覚えて持参する

保育者の話を正確に聞きとって、必要なものを自分で用意します。その場で調達するだけでなく、「宿題」として自宅で用意して翌朝に持参するというように、時間を経ても実行できる力を養います。

ほんとうの知的能力とは知識を増やすだけでなく、学び方を学ぶ、覚え方を覚えるなども重要です。就学前の子どもでも、覚えるための方法や思い出すための手がかりを工夫すれば、確実にやり遂げる力が身につきます。

Point

「しっかり」と激励したり、「必ず」と念を押したり、忘れたからといってしかったりせずに、子ども自身が指示を聞きとり、理解して、自分から行動できるほんものの力を育成する必要があります。

●緊急性のないもので練習する

家庭から持参する教材や、行事に必要な持ちものなどを、すべて保護者宛てに連絡するのでは、子どもにほんとうの能力は育ちません。最初は、翌日のあそびのための素材など、子どもにとって必要度の高いものから始めます（しっぽとりゲームのしっぽ用の新聞など）。

忘れた子を不安にさせないために園の材料で補充しますが、保育者は必ず次回以降に個別の援助をします。

●覚え方を工夫する

緊急避難の際の「押さない、駆けない、しゃべらない」は頭文字をつなげて「おかし」と言って覚えます。これと同様に覚える方法を取り入れます。

指を折りながら「帽子、水筒、ビニール袋」と唱え、「全部で3つ」と確認したり、帽子をかぶる動作や水筒を肩にかける仕草をします。「袋はサッカーボールが入るくらいの大きさ」など実際に大小のサイズの袋で試し、具体的なイメージをもたせます。

●個別の援助が必要な子には

覚える「手がかり」を添えます。文字が読める場合には「おかし」のように頭文字にします。絵や見本（新聞紙片など）を持ち帰らせたり、「輪ゴムを手首にはめる」など、思い出す手がかりを与えます。忘れて「しまった！」と訴えてきたら、チャンスです。園のもので補充して、保育者が一緒に「帽子、水筒、ビニール袋」と確認し、「できた！」という実感をもたせます。

保育のチェック 1

子どもに伝わる話し方

コミュニケーションには2通りのパターンがあります。ふだん使っている日常の会話と改まった話し方です。「ご飯食べた?」が前者であり「ご飯食べましたか?」が後者です。

子どもにとって、後者のような話し方は家庭では使いません。保育の場に来て初めて出会う用法なので、こうしたことばを的確に聞きとる能力を身につけることが必要です。保育者の話は子どもに的確に伝わっているでしょうか? 豊かな表情で話したり、視覚教材を準備することだけが保育技術ではありません。話の組み立てを工夫する必要があります。

Point

保育者のメッセージを的確に伝えるためには、わかりやすい言葉を用いることが大切です。「お」の乱用はさけます(「ことば」P38参照)。長い前置きやテーマと無関係の手あそびなどは理解を妨げます(本書P63参照)。

チェック 1 センテンスを短くする

日本語では、本題が後ろに来ます。「……だけれど～です」という場合、最初の……はあくまでも前置きで、ほんとうの主張は～の部分です。最後まで聞いていないと間違えてしまう難しい構造です。

子どもには真っ先に大事な～の部分を伝えます。そして、「ホールに行きます」「ホールで園長先生の話を聞きます」など、1文を短くします。

チェック 2 テーマを先に伝える

これから話そうとする主旨を、まず伝えます。最初にテーマを理解してから「それで、それから」と細部を足していくような話の流れです。「持ちものの説明をします」「持ちものは2つあります」「1つはカラー帽子です」という具合です。味気ないと思うかもしれませんが、子どもはどんどん話に引き込まれていきます。

チェック 3 上達のコツは自分の話し方を聞いてみること

同僚に聞いてもらって問題を指摘してもらうとよいでしょう。録音しておいて、あとで聞き直してもクセがわかってきます。子どもの反応を思い出しながら改善すべき箇所を見つけ出しましょう。

保育のチェック2

環境は合理的に構成する

子どもが園で主体的に生活するため、また「ほんとうの知的教育」を実施するための環境構成のチェックポイントをまとめました。望ましい環境が提供できているかどうかを点検する視点です。

チェック1 子どもが環境マップを描いて自主的に動く

教材や遊具は分類しておきます。定位置に常設することで、子どもが必要なものを自分で調達できるようになります。部屋の名称は、はじめのうちは、例えば「ほけんしつ」は「熱が出たときに休む部屋」などと機能を説明することも必要ですが、名称は「ほけんしつ」「ものおき」など一般的な用語にしたほうが汎用性があるので、くり返し使う中から機能の理解をうながします。

チェック2 社会のルールと共通している

信号機の色が示すように赤は危険や禁止を、黄色は注意喚起を、青は安全や許可を意味しています。保育においてもこうした一般的なルールを採用します。

特に文字表記は小学校の教科書をモデルにした文字の形と表記を採用します。ひらがなの文はわかりやすく必ず「分かち書き」にします（「ことば」P80参照）。

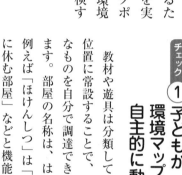

チェック 3 普遍的な順序に従う

子どもが順番に行動するときなど、その順番は前から後ろへ、座席の端から順に隣に、出口に近い人からといったように、普遍的な順序にします。

靴箱やロッカーなどは、あいうえお順にすることで、初めての場所でも探し当てられるような合理的な配置が重要です。

チェック 4 物理的な動きを考慮して安全を守る

砂場と水道を結ぶ線上は、頻繁に子どもが行き交います。一方、ドッジボールのコートからは、飛び出したボールを追って子どもが走ってきます。2つのあそびの動線がクロスしない配慮が必要です。クロスすると衝突します。子どもは、カーブするとき大きく回ります。急ぐ必要がなくても走ります。けがをする場所は決まっています。

日常の行動をよく観察していれば、事故を未然に防ぐ対策がたてられます。

チェック 5 活動に適した空間を使う

部屋の隅のようにL字に閉じられた空間は、独立した印象を与えるのでメンバーの流動性がなくなります。反対に部屋の中央や庭など、誰の目にも入り四方から出入りが可能な空間は、メンバーが入れ替わり短時間の活動をするようなときに適しています。

刃物を使うような集中力が必要なあそびは、壁に向かって着席して行うと、よそからの刺激が断たれ、落ち着いてできます。

平山許江（ひらやまもとえ）
子育てのための退職や大学院へのオバサン入学をはさみながら、私・国立幼稚園で断続的に20年勤務した後、文京女子短期大学を経て現在、文京学院大学特任教授。主に大学院人間学専攻保育コースの指導に当たっている。同時に子育てフォーラム等を通じて子育ての楽しさを伝える講演会や、現任保育者の資質向上を目指した研修活動も行っている。

表紙・本文イラスト　山戸亮子
表紙・本文デザイン　嶋岡誠一郎
編集企画　多賀野浩子　飯田　俊
編集協力　清水洋美
校正　株式会社 円水社

平山許江　ほんとうの知的教育③
環境構成の工夫

発行日　2016年2月15日　初版第1刷発行

著　者　平山許江
発行者　志澤博満
発　行　株式会社世界文化社
〒102-8187　東京都千代田区九段北4-2-29
電話 03-3262-5615（保育教材部）
03-3262-5115（販売部）
印刷・製本　図書印刷株式会社

ISBN978-4-418-16714-2